鈴木公啓
Tomohiro Suzuki

荒川 歩
Ayumu Arakawa

太幡直也
Naoya Tabata

友野隆成
Takanari Tomono

パーソナリティ心理学入門

ストーリーとトピックで学ぶ心の個性

Introduction to Personality Psychology

ナカニシヤ出版

学生の皆さんへ
〈パーソナリティ心理学とは〉

　パーソナリティ心理学は，心理学の一分野です。心理学とは，心というものについて考える学問です。心理学では，個人の経験に基づいて頭の中で「きっとこうに違いない」と考える（「私は○○だから，きっと他の人も○○に違いない」）のではなく，科学的な根拠に基づいて心を理解しようとします。

　パーソナリティ心理学は，心理学のなかでも，特に個人差に注目する分野です。人は，同じ環境にいて同じ体験をしても，感動する人もいれば，感動しない人がいますし，しんどくなってしまう人も，そうはならない人もいます。

　さらには，このような程度の違いではなく，質的な違いもあります。人は成長する過程で，そもそもの物事の考え方や見え方が違ってくるため，人は自分以外の人から世界がどう見えているのか想像するのがとても苦手です。他者の行動や振る舞いについて，その人なりにもっともな理由があっても，他者ではなく自分自身の基準で見て理解してしまいます。例えば，同じ環境で同じ体験をしても，しんどくならない人からすると，しんどくなる人は「がんばりが足りないだけ」のように見えてしまうことがあるのです。しかしながら他方で，このような一見バラバラな人の見方も，いろいろな人の見方を調べるとそれなりに似たような見方をする仲間が多くいることがわかります。人は自分について悩むとき，悩んでいるのは自分だけだと思ってしまいがちですが，実はその人だけの悩みというのは少なく，ある程度の共通性があることが多いです。

　このような個人差や共通性は偶然のものではありません。人にはある程度共通する基盤があって，これが個人差を生み出したり，共通性を生み出したりしているのです。単に，他者と自己の共通点・相違点に注意するだけではなく，その背後にあるメカニズムを理解することもパーソナリティ心理学の目的です。これを理解することで，自分と一見全く違うように見える他者が少し理解しやすくなるでしょう。

このように，パーソナリティ心理学とは，個人差と個人差を生み出す背景（メカニズム）を理解し考える学問です。なお，本書では，「パーソナリティ」と「性格」を同じ意味として扱いますが，会話文のなかでは，日常用語である「性格」，説明のなかでは，学術用語である「パーソナリティ」を使います。

　本書では，パーソナリティ心理学が現実の場面でどのように利用されるのかを示すために，4人の登場人物の会話によるストーリーを挿入しています。会話の後に，会話に出てきたキーワードの説明が1～2ページ続きます。本書全体は，(1) パーソナリティはどのようにとらえられるのか，(2) パーソナリティはどのように形成されるのか，(3) パーソナリティはどのように測定されるのか，そして (4) そのようなパーソナリティの理論はどのように歴史的に形成されたのか，という4つの柱をもとに構成しています。

　また，パーソナリティの特徴を把握するために用いられる心理尺度がどのようなものであるかを理解してもらうために，巻末の「ワーク：心理尺度の体験」で，いくつかの心理尺度を紹介しています。

登場人物（馬田人工知能研究所のメンバー）

ジョージ

アフリカ系アメリカ人のロボット工学者。心理学には疎いが，ロボット工学については世界的に注目される天才で，いろいろな機関や大学から誘われるも，馬田博士を尊敬し，研究所に来た。キムに告白された際に，同性のパートナーがいることをみんなにカミングアウトした。おだやかで，みんなに愛される。

マッドサイエンティスト馬田

ヒューマノイドの作り手。人工知能と遺伝子操作の研究者。自分の研究にしか興味がなく，毎日研究に没頭。周りからは変人扱いされつつ，たった1人で人工知能の新しい世界を切り開いたので，「マッドサイエンティスト馬田」の愛称で呼ばれる。

キム

大学で心理学を学んだあと，韓国から日本に留学してきた。人工知能学者。幼いころの事故で足が不自由。まだ若いが，研究所全体を切り盛りし，研究を進めるため，今では研究所になくてはならない存在。ジョージに片思いしていたが，振られた。強気だが，優しい。

ヒューマノイドA

人工知能によって人の心を作り出されたロボット。まだ心が不完全だと感じ，「人間」として成長したいからと博士に頼んで中学校に入学した。

目　次

学生の皆さんへ　〈パーソナリティ心理学とは〉　*i*

1 どうしてみんな勝手に私の性格をきめつける？（｀Д´）ムキー！〈社会的認知〉・・・・・・・・・・・・・・・・・1
　構成概念　3
　対人認知　4
　ステレオタイプや偏見　5
　内集団と外集団　6
　集団の差と個人の差　8
　パーソナリティ心理学で使う統計手法1　10
　パーソナリティ心理学で使う統計手法2　13

2 何に基づいて他人の性格を推測するの？〈パーソナリティ心理学の歴史1〉・・・・・・・・・・・・・・・・・16
　観 相 学　18
　体型による分類　19
　ハロー効果　20
　血液型性格判断　21

3 「わたし，真実に気づいちゃったんだけど。性格の個人差なんて本当は存在しないんじゃない？」〈社会構成主義〉・・・・・・・・・・22
　他者の行動からのパーソナリティの推測　24
　基本的帰属のエラー　26
　ケリーのパーソナルコンストラクト理論　28
　if...then... 行動パターン　29
　一 貫 性　30

　　　　状態と特性　33

4　ニンゲンノココロ，ワカラナイ。〈類型論と特性論〉・・・・・・・35
　　　類　型　論　37
　　　ユングの外向型・内向型　38
　　　特　性　論　39
　　　キャテルの特性論　41
　　　アイゼンクの2軸　42
　　　ビッグファイブ理論　44
　　　オルポートの性格理解と定義　46

5　一番いい遺伝子を量産した方がよさそうだけど。〈遺伝〉・・・　47
　　　遺　　伝　50
　　　ポリジーンモデル　52
　　　遺伝的多様性　54
　　　クロニンジャーの理論　55

6　どういうふうに遺伝と性格の関係を研究しているの？〈行動遺伝学〉
　　　　　　　　　　　　　　　　　　　　　　　　　　　　・・・・・56
　　　行動遺伝学　58
　　　共有環境と非共有環境　60
　　　単変量遺伝分析　61

7　遺伝と環境はどういうふうに性格になるの？〈環境との相互作用〉
　　　　　　　　　　　　　　　　　　　　　　　　　　　　・・・・・63
　　　相互作用論　65
　　　学習によるパーソナリティの変化　67
　　　認知・感情パーソナリティ・システム（CAPS）　68
　　　パーソナリティの神経基盤　70
　　　精神力動的モデル　72

8 ヒトの性格って生まれたときから変わらないモノなの？〈発達〉
・・・・・ 74

乳幼児期のパーソナリティ　76

愛　　着　78

青年期のパーソナリティ　81

マックアダムスの3層構造　83

成人期のパーソナリティ　85

老年期のパーソナリティ　86

9 目に見えない性格ってどうやって測るの？〈パーソナリティ心理学の歴史2〉・・・・・・・・・・・・・・・・・・・　87

個人方程式　89

ヴントの心理学　90

知能の測定　92

10 性格も数字をどれくらい覚えられるかで測るの？〈研究法〉・・　95

妥 当 性　97

信 頼 性　99

観 察 法　101

実 験 法　102

面 接 法　103

質問紙法　104

投 影 法　106

パーソナリティ心理学で使う統計手法3　108

研究倫理　111

11 性格についての心理臨床ってあるの？〈心理臨床〉・・・・・・　113

パーソナリティ障害　115

■ ワーク：心理尺度の体験・・・・・・・・・・・・・・・・・・・・117
　Big Five 尺度 短縮版　118
　日本語版 Ten-Item Personality Inventory（TIPI-J）　121
　自意識尺度　123
　2項目自尊感情尺度（Two-Item Self-Esteem scale; TISE）　125
　二次元レジリエンス要因尺度　128
　行動抑制系・行動賦活系尺度（BIS/BAS 尺度）日本語版　131
　日本語版抑うつ状態チェックリスト改訂版　134
　自己愛人格傾向尺度（Narcissistic Personality Inventory-35; NPI-35）　136

文　献　139
あとがき　145
索　引　147

1. どうしてみんな勝手に私の性格をきめつける？（｀Д´）ムキー！〈社会的認知〉

（ヒューマノイドAが初めて人間社会に出て，中学校の入学式に出席した日。夕方，ヒューマノイドAが泣きながら研究所に帰ってきた）

ヒューマノイドA：うぇーん。（TT）

キム：どうしたの？ 何か辛いことでもあったの？

ヒューマノイドA：みんな，僕の見た目がみんなと違うから，僕にだけ話しかけてくれないんだ。「怖い」って僕を避けたり，「ロボットなんだから試験とか楽勝だよね」とかこそこそ笑ってるの。

ジョージ：それはつらかったね。僕もアメリカ人だというだけで，明るく大げさな性格の人だと思われるからよくわかるよ。

キム：ジョージは，どちらかというと物静かなのにね。

ジョージ：人は，どうして外見とか属性で人を判断するんだろう。

キム：うーん。根本的な問題は，性格は目に見えないから（**構成概念**），目に見えるものから推測してしまいがちってことにあるのよね。

ジョージ：推測なんてしないで，真っ白な状態で接するわけにはいかないのかな。

キム：うーん。そうねぇ。人って他の人がどのような行動をとりそうなタイプの人か推測できると安心なのね。それは本来その人がどんな人かわからないはずの初対面の人に対しても同じで，基本的にとりあえずこれまでの経験や知識で判断しようとしちゃうの（**対人認知**）。それに人の能力って限られているから，効率的に世界をとらえなければならない。だから，外れることはあってもまあまあの精度で，早く負担が少ない処理をすることが多いのよ。

ヒューマノイドA：そうかあ，僕らロボットは，網羅的にすべての可能性を考慮に入れて吟味することが多いのに。人間は，直感的な処理（ヒューリスティック）をするのね。

ジョージ：なるほど。だから**ステレオタイプ**や**偏見**が生まれるんだ。

キム：そうね。自分が属する集団のメンバーについてはまだ比較的しっか

りその人を理解しようとするけど，自分とは違う集団のメンバーに対しては，その集団に属する人の個人差を無視して一緒くたに扱ってしまいがちね（**内集団と外集団**）。ジョージは日本のゲイコミュニティにも関わっているけど，コミュニティの中と外で全然違うでしょ？

ジョージ：うん。性的少数派（LGBT）のコミュニティの中にいると，ひとくちにゲイといってもいろんな人がいるっていうことがわかるけど，接したことない外の人にはたぶんそれがわからないから，偏見が修正されないんだと思う。

キム：あと，人は，**集団の差と個人の差**を理解するのが苦手なのも，そういうバイアスが生まれる理由なんだと思う。

ヒューマノイドＡ：どういうこと？

キム：例えば，クラスで一番ケーキバイキングに行っているのは，男性と女性，どちらだと思う？

ヒューマノイドＡ：それは女性だよ。

キム：なんで？

ヒューマノイドＡ：だって女性の方がケーキが好きな人が多いって聞いたことがあるもの。

キム：でも 1 人でいいのよ。クラスで一番ケーキが好きなのはかならず女性かな？

ジョージ：ふふふ。何を隠そう，僕は先月 3 回行ったからね。

キム：そう。たとえ男性と女性のケーキ好きの平均値を比べて女性の方が好きな人が多いとしても，それは女性が，一番ケーキ好きということを意味しているわけではないの（**パーソナリティ心理学で使う統計手法 1，2**）。だから，集団にはある傾向があるとわかっても，個々人のことはわからないの。

ヒューマノイドＡ：そうかぁ。あー，僕は，ヒューマノイドのなかでも，一番傷つきやすいヒューマノイドなのにな……。

キム：じゃあ，気分転換においしいものでも食べよっか？

ヒューマノイドＡ：やったー ≧（´▽`）≦

構成概念

　Aさんはいつも,笑顔で生活し,多くの友人と楽しそうに話をしています。そんなAさんについて,Bさんは「明るい」パーソナリティだと思っています。

　BさんがAさんのパーソナリティを「明るい」と思っているのは,Aさんの「明るい」というパーソナリティが,一般的に「明るい」とされる「笑顔を見せる」,「多くの人と楽しそうに話をしている」という行動を生み出していると,Bさんが考えているからです。しかし,BさんはAさんの「明るさ」を,直接見たわけではありません。Aさんの行動から,「明るさ」の程度が高いと仮定しているのです。「明るさ」という物質が存在するわけでもないので,たとえ器械を使っても「明るさ」を測定することもできなければ,「○○ルクス」のように物理量として示すこともできません。

　「明るさ」のように,そのもの自体を実際には目にすることができない,理論的に仮定された概念は**構成概念**と呼ばれます。心理学で用いられる構成概念は,2種類に分けられます（渡邊,1995; 渡邊・佐藤,1991）。1つは,特定の状況での行動を抽象的に表現する,傾性概念と呼ばれるものです。「明るい」などのパーソナリティに関する概念は,傾性概念です。もう1つは,行動を抽象的に表現するだけでなく,その行動が生まれる内的過程にも着目する,理論的構成概念と呼ばれるものです。例えば,「認知」は,人間の情報処理と結びつけられているので,理論的構成概念です。

　パーソナリティに関する概念は,特定の状況での行動に基づいて仮定した構成概念なので,特定のパーソナリティで表現される人が,そのパーソナリティを反映した行動をいつもするとは限りません（p. 24,「他者の行動からのパーソナリティの推測」参照）。上の例で挙げたAさんは,ある状況では,「笑顔を見せる」,「多くの人と楽しそうに話をしている」という,一般的に「明るい」とされる行動をしないことも考えられます。例えば,嫌なことがあったとき,葬儀に参列しているときには,一般的に「明るい」とされる行動をしない可能性が高いでしょう。

（太幡）

対人認知

あなたは，人ごみのなかにいるとき，周りにいる大勢の人をすべて細かく認識しているでしょうか。もし，後で周りにいた1人ひとりの特徴を聞かれたとしたら，特に目立っていた人以外の特徴は，ほとんど覚えていないでしょう。

対人認知とは，他者に関する情報から，その他者を判断することです。対人認知で特に利用されやすい情報は，客観的情報（外見，所属など），自分に対する行動，他者のパーソナリティ，他者の能力や興味に関する情報です（Beach & Wertheimer, 1961）。そして，対人認知には段階があると考えられています（Schneider 他，1979）。初期段階とされる注目の段階は，ほとんど意識できない段階とされています。人ごみのなかで周りにいた大勢の人を，特に目立っていた人の特徴以外はほとんど覚えていないのは，周りにいた人たちに注目する必要がないと無意識的に判断しているためです。他者に注目する必要があると判断した場合のみ，その他者に意識を向け，外見や行動から特徴を判断する段階や，好ましい人物か否かを判断する段階に至るとされています。

対人認知に基づいてその他者の全体的印象を形成することは，印象形成と呼ばれます。印象形成の特徴として，初めの情報は全体的印象への影響が大きいこと，「温かいか冷たいか」といった情報（中心特性）は他の情報に比べて印象形成への影響が大きいことが示されています（Asch, 1946）。さらに，ネガティブな情報の方がポジティブな情報よりも印象形成への影響が大きいことが明らかにされています（ネガティビティ・バイアス；Hamilton & Zanna, 1972; 吉川, 1989）。

近年では，社会的認知の視点から，対人認知の特徴が説明されています。社会的認知とは，人間は能動的に情報を処理していると仮定し，**情報処理**において人間の内部で起きている判断過程を明らかにしようとする考え方です。情報を詳細に処理するためには，認知資源（情報処理に必要な心的エネルギー）を消費すると考えます。そのため，相手を詳細に判断しようとする動機や判断のための時間があるときには情報を詳細に吟味する情報処理，それ以外の場合には単純な情報処理がなされやすいと仮定します。前者は**統制過程**，後者は**自動過程**と呼ばれます。

（太幡）

ステレオタイプや偏見

あなたは,「アフリカの人」の特徴としてどのようなものを思い浮かべますか。「陽気」,「足が速い」といった特徴を挙げる人が多いでしょう。この質問を,あなたの友人に質問をしても,似たような答えが返ってくると思います。この理由は,多くの人が,「アフリカの人」に対し,共通した知識や信念をもっているためです。

「アフリカの人」の例のように,「医者」,「日本人」,「女性」など,特定の集団(p.6)に属する他者の特徴について,ある程度多くの人が共通してもっている知識や信念があります。このような知識や信念は,**ステレオタイプ**と呼ばれます。「△型の人は……という性格だ」といった,特定の血液型の人のパーソナリティに対する血液型ステレオタイプ(p.21)は,その一例です。

われわれは,ときには無意識のうちに,ステレオタイプに基づいた対人認知(p.4)をしています。ステレオタイプが用いられる理由は,対人認知での情報処理を簡略化するためです。例えば,ある人が「アフリカの人」だという情報がある場合,ステレオタイプを用いれば,「陽気」,「足が速い」と情報処理を簡略化することができます。

一方,ステレオタイプに基づく対人認知は,特定の集団に属する他者の多様性を無視して単純なイメージを他者に当てはめているので,ステレオタイプがその集団のすべての人に当てはまるとは限りません。「アフリカの人」全員が,「陽気」,「足が速い」わけではありません。また,ときには,ステレオタイプを生み出している知識や信念自体が誤っていることもあります。ステレオタイプに基づいた対人認知が極端になると,**偏見**(対象に対して抱く,悪意や軽蔑などの否定的な態度)を生じさせる原因になります(上瀬, 2002)。

それでは,われわれは,対人認知において,ステレオタイプの影響を受けないようにすることはできるのでしょうか。ステレオタイプの影響を弱めるには,ステレオタイプを使わないように意識して他者の情報を詳細に処理する情報処理,すなわち,統制過程による情報処理をおこなう必要があります(p.4,「対人認知」参照)。相手を詳細に判断しようとする動機や判断のための時間的余裕があるときに限って,統制過程の情報処理をおこなうことが可能となるので,ステレオタイプの影響を弱めることができるといえるでしょう。

(太幡)

内集団と外集団

われわれは,さまざまな集団に所属して生活しています。**集団**とは,「相互作用するメンバーが共通の目標のために役割を果たす」「社会的に意味を与えられており,意識すると認知や行動に影響する」のいずれかの特徴をもつ,人々の集まりを指します。前者の例として,サークル,友人グループが,後者の例として,所属大学,性別が挙げられます。

ここで,以下の場面を想像し,考えてみましょう。

> あなたは,大学のゼミの先生に頼まれて,「面識のない2人の大学生の会話内容を調べる」実験の実験者をすることになりました。実験中,2人(AさんとBさん)の会話を聞いていると,Aさんだけは,あなたと同じ高校の卒業生(つまり,あなたの高校の後輩)だと気づきました。
>
> 実験終了後,先生から「実験参加の謝礼として,2人に分けて渡すように」と渡された封筒を開けると,500円玉が5枚入っていました。あなたは,両替する時間がないので,お金を均等に分けることができません。
>
> あなたは,500円玉5枚を,AさんとBさんに何枚ずつ渡すでしょうか。

上の場面のAさんは,あなたと同じ高校を卒業していることから,卒業した高校という点で,あなたと同じ集団(内集団)に所属しています。一方,Bさんは,卒業した高校という点で,あなたと異なる集団(外集団)に所属しています。

上の場面でAさんとBさんに500円玉5枚をどのように分けるかを尋ねると,「Aさんに3枚,Bさんに2枚」などと,Aさんに多く分けると考える人が多くなります。このように考える人が多いのは,内集団のメンバーを外集団のメンバーと比べてひいきしてしまう,**内集団ひいき**(**内集団バイアス**)によるものです。

内集団ひいきは,報酬の分配だけでなく,対人認知(p. 4)において他者を詳細に判断しようとするか否かにも影響します。内集団のメンバーは個人の特徴に目を向けて「個性的だ」などと認知しやすい一方,外集団のメンバーは個人差を無視して「同じような特徴をもっている」と認知しやすいという特徴があります。

タジフェルら(Tajfel 他,1971)は,内集団ひいきが生じる理由を**社会的アイデンティティ理論**によって説明しています。この理論では,内集団の外集団に対する優位性を確認すると,内集団に所属する自分を高く評価することができるため,自己評価を高める(低めない)ことにつながるとされています。内集団ひいき

は，実際に存在する集団だけでなく，実験のなかでランダムに分けられた，一時的な集団に対しても見られることが明らかにされています。

(太幡)

じゃあ，全然，出身が違う僕たちってわかり合えないのかな。

たしかに私たちは，出身国も育ちもジェンダーも違うけど，人工知能研究という大きな目標に向かっている仲間だから，この研究所のメンバーが内集団。

じゃあ，他の優秀な研究所が外集団かな。
でも，人工知能に理解のない人が相手だったら，他の研究所も内集団になるんだね。

集団の差と個人の差

　普段，日本人の方がアメリカ人よりも背が低い，とか，女性よりも男性の方が攻撃的だ，といったように，複数の集団の特徴を比較して表現することがあるかもしれません。このように複数の集団の特徴を比較するとき，ついつい間違った解釈をしてしまいがちです。それは，ある集団と別な集団の比較を，それぞれの集団に属している個人と個人の比較に広げてしまうという誤りです。

　われわれが世界を認識するときには，対象を**カテゴリー化**（何らかのカテゴリーに分類すること）して考えることが一般的です（p. 5，「ステレオタイプや偏見」参照）。これは，人間にはできるだけ負荷が少ないように物事を処理する傾向があることが原因です。常に物事を新しいモノとして細かくとらえるのは，認知的に負荷がかかります。そのため，できるだけ負荷がかからないように，普段は，ざっくりと既存のカテゴリーに当てはめて，細かいところまでは処理しないことが多いのです*。

　例えば，人を「女性」，または「男性」とカテゴリー化することによって，初対面の場面で男性と女性の攻撃性を予測しやすくなります。そして，女性よりも男性の方が攻撃的だ（女性は男性よりも攻撃的ではない），というような結論を導き出すこともあるかもしれません。

　しかし，そこで導き出された結論は，あくまでも，「「女性」というカテゴリー」と「「男性」というカテゴリー」の総体の比較で導き出されたものにすぎません。「女性」というカテゴリーに分類された女性でも，個々人に目を向けてみれば，「男性」というカテゴリーに分類された男性よりも，攻撃的だということはありえます。つまり，集団全体として，例えば，平均値などで見てみると，女性よりも男性の方が攻撃的かもしれませんが，個々人単位で見てみると，男性よりも攻撃的な女性が存在することもあるのです。図1-1を見てみましょう。右の方が攻撃性が高いと想定しています。縦軸は人数です。そうすると，全体的に男性は女性よりも攻撃性が高いことが読み取れます。しかし男性のAさんの攻撃性は女性のBさんの攻撃性よりも低く，男性全体と女性の全体的な傾向と一致しません。このように，個々人の特徴が，属する集団の総体としての特徴と一致しているとは限りません。

　人間の性質上，対象をカテゴリー化して，集団単位で考えてしまいやすいです。しかし，カテゴリー化は，その個人に対して型にあてはめた考えをおこなってしまうので，ステレオタイプに判断していることになり，偏見を生じさせるおそれ

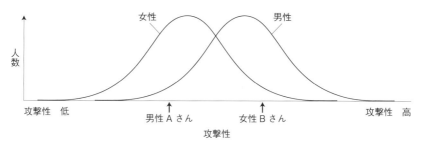

図 1-1 集団と個人の位置づけ

があります（p. 5）。

集団間の差に埋もれがちな個人差に目を向けていくことが，物事をそして人を理解していくのに大切なことといえます。

* 人々のこの傾向は，認知的倹約家と表現されることがあります。

（鈴木）

図1-1はあくまで説明用の図ね。最大値，最小値については，性別による違いはないかもね。私はジョージより攻撃的だという自覚はあるわ（笑）。

そうかなぁ。キムの優しさを僕は知っているけどね。

ありがとう。でも，私は攻撃的なことを必ずしも悪いことだとは思っていないの。そうならないといけないこともあるし……。
ステレオタイプの話は逆もあって，アジア人にあまり会ったことのない人が私に会うと，アジア人女性はみんな私みたいに攻撃的なんだと思ってしまうという場合もあるわ。

パーソナリティ心理学で使う統計手法 1

　パーソナリティ心理学をはじめ，心理学のほぼすべての領域において，調査や実験がおこなわれます。そして，その調査や実験で得られたデータに対して，統計処理がおこなわれます。それは，心理学が科学としての客観性を大切にしているからです。

　例えば，外向性が高いほど他者とうまくコミュニケーションできるといった関連がありそうだとします。これを明らかにするには，まず外向性とコミュニケーションの上手さを数値化する必要があります。外向性やコミュニケーションの上手さは，構成概念（p. 3）なので直接は目に見えません。そこで，実験法（p. 102）や質問紙法（p. 104）などの方法で，数値化します。そして，2つの関連の程度について分析し，その程度を数値化します。このことによって，関連の程度についてお互いにその程度について理解することができるようになります。

　それでは，どのような統計処理がなされるのでしょうか。ここでは，基本的かつ代表的な統計用語や統計手法について説明したいと思います。

■ 記述統計量（要約統計量）

　記述統計量とは，データ全体の特徴を要約して表す指標のことを意味します。平均値や標準偏差，パーセンテージなどがあります。平均値は，日常でもよく見かけるものでしょう。平均値は，その集団の分布の代表的な値を意味する指標です。すべてのデータの大小を均等にならしたときの値であり，全部のデータを足しあわせた後にデータの数で除する（割る）ことによって得られます。標準偏差は，その集団のデータが，平均値からの散らばり具合を示す指標です。普段スマートフォンを使っている時間の平均値が 100 分だとしたときに，多くの人が 90 分とか 105 分とか，おおよそ 100 分前後であるのか，それとも，10 分や 220 分など平均値から離れている人が多いのか，その程度を表す指標となります。標準偏差は，その値が大きいほど，散らばり具合が大きいことになります。パーセンテージは，全体のなかの割合を示す指標で，これも，日常でよく見かけます。

■ 相関分析

　相関分析は，2つの事象の関連の程度を明らかにするための分析手法であり，相関係数は，その関連の程度と方向性を示す指標です。相関係数は，日常生活では見かけることがないかもしれませんが，心理学においては非常に重要な統計指標

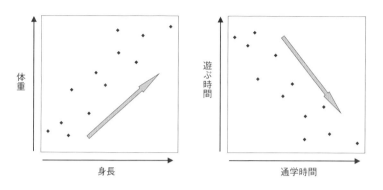

図1-2 2つのデータの関連のグラフ化の例
注）左は体重と身長の関連，右は通学時間と遊ぶ時間の関連，1つの点が1人のデータを表しています。

です。まず，相関係数からは，関連の方向性を知ることができます。①「一方が大きいほどもう一方も大きい」場合（グラフにしてみると，図1-2の左のようになります）は，正の相関と呼ばれ，相関係数の値はプラスになります。身長が高いほど体重も重い，といった場合です。一方，②「一方が大きいともう一方は小さい」場合，もしくは「一方が小さいともう一方は大きい」場合（グラフにしてみると，図1-2の右のようになります）は負の相関と呼ばれ，相関係数の値はマイナスになります。通学時間が長いほど遊ぶ時間が少ない，といった場合です。先の外向性とコミュニケーションの上手さの関連についても，この相関分析で検討することができます。

そして，相関係数により，関連の強さ・弱さも知ることができます。関連が強いほどその絶対値は1に近づきます。正の相関は関連が強いほどプラス1に，負の相関は関連が強いほど値はマイナス1に近づきます。そして，関連が弱いほど値は0に近づきます。例えば，流行への興味関心の程度と，インターネットのSNSの使用頻度の関連を検討した際に，もし相関係数がプラスの0.8（「+.8」と表します）であれば，流行への興味関心が強い人の多くはインターネットのSNSの使用頻度も多いという関連があることを意味します。アルバイトの時間と勉強時間との関連を検討した際に，もし相関係数がマイナスの0.3（「-.3」と表します）であれば，アルバイトの時間が多い人のなかには勉強時間が少ない人がある程度いるという関連があることを意味します。

正規分布

　正規分布とは，理論的に作成された分布で，左右対称のベル型（釣り鐘型）をしています。例えば，日本の大学生の外向性の程度について考えてみます。大学生は数百万人いますが，そこから1,000人を抜き出して外向性を測定し，平均値を算出するとします。同じようなことを何度も何度も繰り返すと，その平均値の分布が正規分布に近くなります。また，ランダムに大学生を1人抜き出したときに，その人の外向性の程度は，平均近くになる可能性が高いことになります。なお，身長や知能などの実際のデータをヒストグラムにしてみると，形としては正規分布に近いものになることが知られています。

（鈴木）

心理学は数十人の参加者を対象に実験をすることが多いけど，僕が自分の人工知能の研究のなかでそれを紹介すると，そんな少数の人のデータだけでは一般的なことが言えないんじゃないかと言われたことがあったよ。

お鍋を作っているときに，お鍋丸ごと食べないと，味付けが十分かわからないという発想ね。重要なのは，量ではなくて，調味料がよくまざって均質になっている状態で，味のしみこみ方の違うそれぞれの具材を抜き出して味見できているかということの方なのだと思うわ。

パーソナリティ心理学で使う統計手法 2

　例えば，英語の教授方法の優劣を比較するとします。英語を方法 A で教わっているクラスからランダムに選んだ学生 20 人の成績の平均は 80 点，方法 B で教わっているクラスからランダムに選んだ学生 20 人の成績の平均は 85 点，40 人全体の平均は 82.5 点といったように平均値を出したとします。しかし，この平均値だけから，方法 B の方が優れた教え方だととらえることは適切でしょうか。翌年の学生なら違うかもしれませんし，それぞれ別の 20 人を集めてきたら逆の結果になるかもしれません。このように平均だけでは教え方の優劣を比較するのは不適切です。そこで，心理学では，得点の分散をふまえて，方法 A と方法 B に違いがあるかを検討します。

　そのときに用いられる方法が統計的有意性検定と呼ばれるものです。例えば，方法 A の学生の個々の点数は，81 点が 6 人，80 点が 8 人，79 点が 6 人，方法 B の学生の個々の点数は，86 点が 6 人，85 点が 8 人，84 点が 6 人だったとします。このとき，図 1-3 のようにどちらの方法でも，全員に調査することができれば，82.5 点を中心に，平均点をとる人が多く，平均点から離れる人は少なく分布しているにもかかわらず，偶然，方法 A ではこのうちの 80 点近辺の人だけが，方法 B では 85 点近辺の人だけが対象になったと考えるのは合理的でしょうか（図 1-3 の上の図）。たしかに絶対にないとは言い切れません。対象とする学生を何回も何回もランダムに選び直していたら，ごくまれにそのようなことが起こるかもしれませんが，それよりも，方法 A で教わった集団と方法 B で教わった集団には集団間に違いがあると考えた方がいいでしょう（図 1-3 の下の図）。このように，分布をふまえて推定したときに，何回も対象を選び直して比較することを繰り返しても，両方の集団は同一の分布のなかの，偶然選ばれてきた人のかたよりのせいとしては説明しがたいかを検討するのが統計的有意性検定です。

　しかし，心理学の提供する知識は，具体的な対象の行動の予測をおこなうのに役立つとは限りません。例えば，イヌ派（ネコよりイヌが好きな人）の方が，ネコ派（イヌよりネコが好きな人）に比べて，外向性，協調性，誠実性が高いこと，ネコ派の人の方が，神経症傾向，開放性が高いという研究結果があります（Gosling 他，2010）。これは，一般的傾向を示すものであり，お隣のネコ好きの人が実際に，神経症傾向が高く，協調性，誠実性，外向性が低いことを意味するものではありませんが，メカニズムを考察したり，未知の集団への対応，例えば，人を集める（外向性を刺激するような）イベントの対象者としては，イヌ派の方がいいかどう

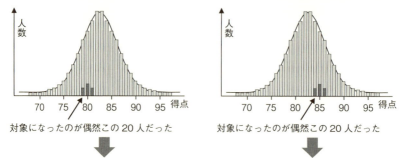

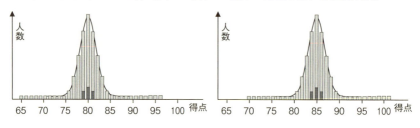

図1-3 母集団と標本の関係

かを決める際には有効かもしれません。具体的にいえば，街コンを企画するなら「ネコ好きさん集まれ」より「イヌ好きさん集まれ」の方が多く集まるかもしれません。また，なぜネコ派向けの街コンに人が集まらなかったのかについて考える際にも有効でしょう。

　ここで，統計的有意性とともに，臨床的有意性という概念を理解しておく必要があります。少し極端な例を出しましょう。ある心理療法Aは，現在使われている心理療法Bより，統計的に有意に不安を下げる効果があるとします。心理療法をおこなう人は即座に現在使われている心理療法Bをとりやめ，心理療法Aをおこなうべきでしょうか。

　答えはノーの可能性があります。統計的に有意でも平均値の差は，不安尺度上でほんの少ししか変わっていないかもしれません。心理療法Bが一回につき20分で済むのに対して，心理療法Aには60分必要で，時間的・金銭的コストが大

きいかもしれません。また，実験のような理想的な状態ではなく，あまり心理療法Aに慣れていない人が実施すると，慣れている心理療法Bよりも効果が薄い，あるいは逆効果になる場合もあるかしれません。あるいはたしかに不安は軽減されても，攻撃性が増すなど他の問題があるかもしれません。心理学を研究する上で統計的有意性は重要ですが，その応用を考える場合には，有意差があるだけではなく，検討されている平均値の差は十分大きいかどうか，他の効果を含めて総合的に有効かどうかなどに注意が必要なのです。

（荒川）

平均値の差が例えば2点だったときに，「意味のある差がある」とするか，「2点くらい偶然の差だ」とするかを判断する上で，統計的有意性検定は有効だね。だけど，対象の人数が増えれば，わずかな差でも有意になってしまうという欠点があるんだよね。

そうね。最近，効果量という，効果の強さを対象者の人数に依存せずに示す指標を算出して報告することが推奨されているのもそのためね。

2．何に基づいて他人の性格を推測するの？〈パーソナリティ心理学の歴史1〉

(今日は七夕の日。ヒューマノイドAが笹に短冊を結んでいる)
ジョージ：何しているの？
ヒューマノイドA：今日は「七夕の日」でしょ？　笹に願いをつけているの。
ジョージ：へえ，どんな願いか聞いてもいい？
ヒューマノイドA：いつかヒトになれますようにって。
ジョージ：ヒューマノイドAの悩みはヒトでないことなんだ。
ヒューマノイドA：それさえ解決すれば，すべてがうまくいくのに。そしたらみんな，僕を外見で判断しないもの。
キム：あら，ヒューマノイドAの姿は，とってもキュートだと思うけどな。それはさておき，残念ながら人の目立つ特徴でラベルをつける傾向ってなかなか根深いのよねえ。
ヒューマノイドA：どういうこと？
キム：例えば，私は歩けないから，今は障害者としてラベルがつけられているけど，実は背が高いから，たとえ歩けたとしても，次は「背の高い人」ってラベルがつけられる気がする。
ヒューマノイドA：なるほど。
キム：特に外見は出会った瞬間に取り入れることのできる情報だから，その人がどんな人かを予測するのに利用されやすいのよね。だから昔から，顔から性格を判断しようとしたり（**観相学**），体型から判断しようとしたり（**体型による分類**）してきたのよ。
ヒューマノイドA：なるほど。第一印象の影響は強いということね。
キム：私も障害をもっているというだけで，人によっては，純粋で穏やかな人と決めつけるもんね。ネガティブなステレオタイプで見られるのも嫌だけど，勝手に変な期待をされるのも，私の自由が奪われている気がして納得いかない。
ジョージ：キムってどちらかというと大胆で積極的なタイプなのにね。障害は障害でも，ディスフィギュアメント（顔にある傷や痣など）をも

つ友人は電車に乗ってもじろじろ見られたり，混んでいるのに誰も隣に座らないといっていたよ。どちらにせよ，人は外見から性格や能力を判断するんだね（<u>ハロー効果</u>）。

キム：人が性格を推測するときに用いるのは，外見だけではないわ。人は，それぞれの時代の科学技術に基づいて，目に見えない性格を把握することで他人の行動を理解しようとしてきた。例えば，人間の体を形成し，全身を巡っている血などは，今でも<u>**血液型性格判断**</u>のように話題になるし，古代ギリシャ時代から性格は血や分泌物に関連付けられていたわ。今では他者の性格を推測する際の材料としては不適切とされているけどね。

ジョージ：なるほどね。

マッドサイエンティスト馬田：うるさーい!! 研究に集中できないだろう。いい加減静かにしろ！

キム：うるさいのはそっちでしょ。自分は研究しながらぶつぶつずっと独り言いっているのに。まったく…，体形のふくよかな人は，おおらかで，神経質ではないだって分類は，やっぱり当てにならないわね。

僕ら人工知能の先祖は，SNSにどんな投稿をしているかから，その人の嗜好性や行動パターンを推定しようとしていたよ。

そうね。それも近年の科学技術を用いた性格の理解の1つね。

観相学

　人には，他者の外見からパーソナリティを自動的に推測するメカニズムが備わっており，初対面の人であってもどんなパーソナリティの人であるかを瞬時に予測しています。そのような予測のもとになっているのは，それぞれの人がこれまでに出会ってきた人のパーソナリティであると考えられています（Rojas 他, 2011）。瞬時に予測された他者のパーソナリティは，（誤解や誇大な確信を含んだとしても）多少なりとも根拠があるといえるでしょう。実際，最近の研究では，他者の顔の外見から，偶然ではない程度にパーソナリティ特性の一部を予測できることを示す実験結果もあります（例えば Carney 他, 2007）。このように性格と顔との間に関係が認められることがあるのは，それぞれのパーソナリティによって対人場面で見せることの多い表情が異なることによると考えられています。例えば，外向的な人の方が内向的な人よりも笑顔をしていることが多いでしょうし，それが顔の筋肉の付き方にも影響していると考えられるわけです。

　ただし，統計的には関係があったとしても，目の前の人を判断するのに本当に有効であるかどうかは別の問題です（p. 13，「パーソナリティ心理学で使う統計手法2」参照）。

　他者の顔からその人のパーソナリティを判断することは正確性に欠けるものではありますが，他者の外見からパーソナリティを自動的に推測する傾向は人間に一般的なので，昔から多くの人が，顔と性格の関係を記述する法則を見つけようとしてきました。ギリシャ時代の「観相学」（昔はアリストテレスが書いたとされていました）というテキストの冒頭は，「気質というものは，身体〔の特徴〕に従うものであり」から始まり，当時の巷で流行っていた観相学を批判した上で，独自に議論を展開し，「快活な人の特徴——広々とした肉づきよく滑らかな額，目の辺りは割合に低い。顔はやや眠たげに見え，慧眼なるものの趣きもなく思慮深そうには見えない」*のように，顔だけではなく姿勢や身体つきや声なども含めて論じられています。このような流れをくむ相貌学は 18 世紀以降，他者を判断する根拠としては誤りを多く含む可能性があるにもかかわらず，観察に基づく科学だと主張されて，たびたび関心が向けられた時期がありました。

---

* 作者不詳（1969 副島・福島訳）。〔　〕は翻訳者による補足です。

（荒川）

体型による分類

　外見からパーソナリティを類推しようとする方法は，時代を超え，形を変えて繰り返し現れるテーマです。東洋でも，手相には長い伝統があります。
　ギリシャ時代の観相学は，18世紀に相貌学として，一般の人々の間で流行しました。相貌学を批判し，脳とパーソナリティとの関係を指摘したガルらによる骨相学は，顔ではなく頭の形状に基づいて人の性格を推定しようとしました。
　20世紀に入ってからも，精神科医のクレッチマーが，ある疾患の患者にはある体型の人が多いと感じ，どういう体型，パーソナリティの人がどういう精神疾患になりやすいか（病前性格）を研究して，『体格と性格』という本を著しました（Kretschmer, 1921 相場訳 1960）。そのなかでは細身型は分裂（統合失調症）気質，肥満型は躁鬱患者の多い躁鬱気質，闘士型はてんかんの多い粘着気質などと指摘されています。現在ではてんかんについては特定の病前パーソナリティはないとされていますが，顔の特徴と同様，近年では体型とパーソナリティには，関連している点もあるとする研究もあります（例えば Sutin 他, 2011）。
　このように繰り返し，外見からパーソナリティを類推しようという流れが起こる背景には，表情のように，人が他者の外見からさまざまな情報を得るように人間の認識の仕組みに組み込まれているからということに加えて，心理学の大きな主題が隠れています。それは心と身体の関係です。心はどこにあるのでしょうか。「脳に障害が起こると行動が変化するからそれはもちろん脳＝心でしょう」と答える人もいるかもしれません。「腸内細菌が人のパーソナリティや個々の行動に関係しているらしいから脳と腸＝心」と答える人もいるかもしれません。「緊張するとドキドキするから心臓」と答える人や「心とは魂あるいは精神であり，脳とか身体とは別に存在している」という人もいるでしょう。心理学者のなかにも，「心は環境との間にあるのだ」と答える人がいます。
　心理学は，その初期までは，心が身体に直接影響することはないとする並行説が主流でした。その後，脳研究が進むと心と脳〔身〕の機能を同一視する心脳〔身〕同一説または脳〔身〕一元論が主流となりましたが，それまでは，心と身体の関係を問うというのは，心理学では少数派でした。そのような時代，外見と心的なものとの関係を考えるということは，身体とは分離したものとして心をとらえている見方に対する反動であったのかもしれません。

(荒川)

ハロー効果

「あばたもえくぼ」ということわざを知っていますか。自分が好きになった（魅力を感じた）人は，あばた（顔のくぼみ）でさえ可愛らしいえくぼに見える，つまり，欠点でさえもよいものに感じられることを意味します。

「あばたもえくぼ」ということわざは，ハロー効果（光背効果，後光効果）と呼ばれる現象の特徴を示しています。**ハロー効果**とは，人の印象を判断するときに，その人の顕著な特徴が，その他の側面の判断にも影響してしまうというものです*。

ハロー効果をもたらす顕著な特徴の1つに，外見が挙げられます。ディオンら（Dion 他, 1972）は，外見の魅力がハロー効果を生じさせることを示しています。彼らの研究では，実験参加者に，写真に写った人のさまざまな側面について推測してもらいました。その結果，写真に写った人の外見の魅力度が高い場合は，魅力度が低い場合や中程度の場合に比べ，その人の性格の好ましさなどが高く推測されました（表2-1）。写真に写った人が外見という側面でよい特徴をもっていると，写真では確認できない側面もよい特徴をもっていると判断されたのです。

また，ハロー効果は，その人がよくない特徴をもっていると，その他の側面も悪く判断されるという形でも見られます。表2-1について，写真に写った人の外見の魅力度が低い場合に着目すると，魅力度が高い場合や中程度の場合に比べ，その人の好ましさなどが低く推測されたことが理解できるでしょう。

* ハロー（halo）とは，仏像や聖像の周りを取り囲む光のことです。

表2-1 外見の魅力度ごとのさまざまな側面の推測の結果 (山本・原, 2006に基づいて作成)

	外見の魅力度		
	高	中	低
性格の好ましさ	65.39	62.42	56.31
職業的地位	2.25	2.02	1.70
結婚への適性	1.70	0.71	0.37
親としての適性	3.54	4.55	3.91
社会的および職業的幸福度	6.37	6.34	5.28
全体的幸福度	11.60	11.60	8.83
結婚の可能性	2.17	1.82	1.52

数値が高いほど，その側面が『好ましい』と推測されたことを示します。

（太幡）

血液型性格判断

　皆さんの周りには，日常生活で，「△型の人は……という性格だ」というように，血液型で人のパーソナリティを判断する人はいませんか。このような，特定の血液型の人のパーソナリティに対するステレオタイプ（**血液型ステレオタイプ**）（p. 5）に基づいて，血液型で人のパーソナリティを判断することは，**血液型性格判断**と呼ばれます。日本では，20世紀初頭に血液型によってパーソナリティが異なるとする「血液型気質相関説」という学説が登場し，20世紀中頃にかけて血液型性格判断が世間に広まりました。

　実際に，血液型ステレオタイプに基づいた血液型性格判断は正しいのでしょうか。例えば，縄田（2014）は，日本人とアメリカ人の合計1万人以上を対象として，血液型によって，さまざまなパーソナリティが当てはまる程度に違いが見られるか否かを検討しています。その結果，ほとんどのパーソナリティで，「自分自身に当てはまる」程度の得点には，血液型による違いは見られませんでした。縄田（2014）のように，ほとんどの研究で，血液型とパーソナリティの明確な関連は示されていません。したがって，血液型でパーソナリティが異なるわけではない，つまり血液型性格判断は正しくないと考えるのが妥当でしょう。「血液型気質相関説」は，誤解に基づいた疑似科学[*]の1つとされています（菊池，2012）。

　しかし，血液型性格判断は正しいと感じる人がいるのはなぜでしょうか。その理由の1つとして，確証バイアスが影響すると考えられます。**確証バイアス**とは，自分の期待に沿う情報に選択的に注意を向け，期待に沿うように情報を解釈してしまうというものです。血液型でパーソナリティが異なると考えている人は，血液型ステレオタイプに一致する情報に着目しやすいと考えられます。例えば，ある人が△型とすると，その人の行動が△型の血液型ステレオタイプに一致するときには，その行動に注意を向けて「やっぱりあの人は△型だから」と解釈しやすいでしょう。一方，その人の行動が△型の血液型ステレオタイプに一致しないときには，その行動に注意を向けにくいでしょう。このような確証バイアスの影響により，血液型性格判断は正しいと感じる人がいるのだと考えられます。

[*] 疑似科学とは，科学的根拠がないにもかかわらず，あたかも科学的に正しいと誤って信じられてしまった事柄です。

（太幡）

3.「わたし，真実に気づいちゃったんだけど。性格の個人差なんて本当は存在しないんじゃない？」〈社会構成主義〉

(ヒューマノイドAが1人で考え込んでいる。突然，思い立ったようにキムに話しかける)

ヒューマノイドA：ねえねえ，キム。この間キムは，「性格は見えないから，目に見えるものから推測するしかない」って言ってたよね。

キム：うん。

ヒューマノイドA：わたし，真実に気づいちゃったんだけど。性格の個人差なんて本当は存在しなくて，見ている側が勝手に作っているものなんじゃない？

ジョージ：えっ！？　どういうこと？

ヒューマノイドA：中学校の部活で3人の人と友達になったの。Aくんはいつもチャラチャラした感じで，Bさんはしっかりもの，Cさんはあまり人と話さなくて1人でいることが多かったんだ。でも，部活の先輩にその話をしていると，Aくんはしっかりもので，Bさんは頼りなくて，Cさんは先輩ととても仲が良くてよく一緒に買い物に行ったりしているっていうの。びっくりしちゃって……。それで，個人の性格なんて本当はなくて，人が勝手に思い込んでるんだって気づいたんだ。

キム：なるほど。それは社会構成主義的な見方ね。

ヒューマノイドA：社会構成主義って？

キム：性格を例に大雑把に言うと，Bさんの客観的な真実があるわけではなく，Bさんの周りの人々の意味づけが，Bさんの性格を作り上げているという考え方よ。

ジョージ：うーん。でも性格はすべて見る側が作るものといわれると違う気がするよ。

キム：そうね。でも，ある意味，人は実際にはその人の性格でないものも性格のせいにしているところがあるの。

ジョージ：それはたしかにそうかも。他の人が何度か遅刻してくると，その遅刻の原因を「この人は時間にルーズな人だ」とその人の性格のせ

いだと思ってしまうよね（**他者の行動からのパーソナリティの推測**）。でも，本当は，そのたびに，いつもなら乗れる電車のドアが閉まるのが早くて乗れなかったからとか，出かけに忘れ物したからとか他の理由があるのかもしれない。

キム：そう。少なくとも自分が遅れてきたときは，自分の性格のせいにするよりも，周りの出来事のせいにしがちね。そういうふうに，人は，実は周りの環境のせいでそうせざるを得なかった人を見ても，その周りの環境の影響を過小評価して，本人のもともともっている性質のせいにする傾向があるの（**基本的帰属のエラー**）。その際に，他者の行動を観察しながら，他の人とは違うその人の行動パターンを見つけ出し，それに基づいて他者や自分を理解する枠組みを作り出すの（**ケリーのパーソナルコンストラクト理論**）。

ヒューマノイドＡ：ほら，やっぱり！！

キム：さらに言うと，人はそれぞれの場面で自然と期待される役割を演じがちだから，同じ場面で同じメンバーで出会うときにその人の性格と感じられるものは，他の場面でのそれとは違うかもしれない（**if...then... 行動パターン**）。実際，状況を超えて一貫しているその人の性格（**一貫性**）はそれほど大きくないといわれているの。

ジョージ：僕も，みんなの前にいるのと，恋人の前にいるのと，アメリカの母親と一緒にいるのとはだいぶ違うよね。家だと息子らしく振る舞わないといけないし……。

キム：まるで自分がいわゆる「多重人格」のように思うときがあるよね。

ヒューマノイドＡ：ほらほら，やっぱり，性格の個人差なんて…。

ジョージ：まさか……。

キム：でも残念。そうやって場面場面では違うにしても，個々の人の行動にはある程度共通性があるといわれているの（**状態と特性**）。場面が違えば行動パターンも変わるかもしれないけど，特に同じ状況では同じ行動パターンをとることが多いしね。

ヒューマノイドＡ：エ～！？　（。´・_・`。）

他者の行動からのパーソナリティの推測

　仲の良い友人を思い浮かべてみましょう。その友人はどのようなパーソナリティでしょうか。優しい，積極的，おっちょこちょい，慎重，などさまざまなパーソナリティを挙げることができるかもしれません。

　それでは，なぜその友人のパーソナリティをそのように思い浮かべることができるのでしょうか。「だって○○さんは優しいから」と答えるかもしれません。しかし，「優しさ」というパーソナリティは，目に見えるものではありません。パーソナリティは構成概念（p. 3）であり，直接目に見ることはできませんし，もちろん触ることもできません。つまり，友人の「優しさ」は見たことも触ったこともないのです。しかしわれわれは，他者のパーソナリティ（自分のパーソナリティも同様）を思い浮かべることができます。それはなぜなのでしょうか。

　われわれが見ているのは，「優しさ」などのパーソナリティではなく，「困っている人を助けた」「相談にのってくれた」といった行動なのです。実は，パーソナリティそのものは見ていません。行動を見ることによって，その人のパーソナリティを推測しているに過ぎないのです（図3-1）。そのような推測は，「人の行動は個人の内的な傾向（パーソナリティ）を反映している」という一種の信念を人々がもっているためにおこなわれます。もし，パーソナリティは行動に反映されるという信念がないのであれば，行動からパーソナリティを推測できないはずです。

　それでは，行動はパーソナリティを反映しているという信念は正しいのでしょうか。初めて会った人が，頻繁に時計を見て，視線が動いていたとします。そこから，「落ち着きの無い」パーソナリティを推測したとします。しかし，実はその人は，直前に大事な用事の電話が入り，別な場所に向かわなければいけない状況

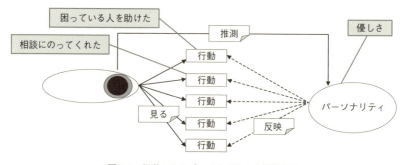

図3-1　行動からのパーソナリティの推測の例

にあったかもしれません。そして，普段はむしろ，のんびりした行動を取る人なのかもしれません。このように，行動には，状況などのパーソナリティ以外のものも大きく影響します。

　また，そもそも場面によって行動の表出パターンは異なっており，あなたの見ている友人の行動は，あなたが見ていない場面ではあまり見られないものなのかもしれません（**一貫性**，p. 30 も参照）。

　意図的に行動を変化させてパーソナリティの推測を誤らせようということもあり得ます（詐欺師など）。この場合，目に見える行動から推測したパーソナリティは実際のものと異なってきます。

　われわれが見ているのは行動であり，また，パーソナリティを推測する際にその推測が常に正しいわけではないことを，忘れないようにしておくことが大事ではないでしょうか。

（鈴木）

僕，学校で緊張して一生懸命やっているだけなのに，「良い子ぶっているよね」って言われるんだよね。友達と遊ぶときは悪ふざけするときもあるけど，べつに性格を演じているわけではないのに。

そうね。学校になると真面目になっちゃうところも，あなたの性格の一部だもの。それぞれの場面での行動パターンも，"その人の性格の1つの現れ"ではあるのよね。

そういう意味では，「意図的に行動を変化させてパーソナリティの推測を誤らせよう」としていることも，その人の性格の1つの現れなんだろう。

基本的帰属のエラー

　Aさんは遅刻してきた友人のBさんに対し、「Bさんはいい加減だから遅刻してきた」と思ったとします。このように、他者の行動、出来事が生じた原因を推定することは、**帰属**（原因帰属）と呼ばれます。人の行動の原因は、行為者の要因（例：行為者の能力やパーソナリティ）、または、状況の要因（例：行為者の置かれた状況の特徴）に帰属されます。それぞれ、内的要因、外的要因と呼ばれます。先ほどの例では、遅刻してきたBさんの行動を、Aさんは「いい加減」なパーソナリティという内的要因に帰属したことになります。

　他者のある対象への行動の原因を帰属するときには、一貫性（その行動はいつも同じか）、弁別性（その行動はその対象だけに起こるか）、合意性（他の人もその行動をするか）が考慮されます（Kelley, 1967）。例えば、遅刻してきたBさんの行動の原因をAさんが考えるときに、「前にも遅刻してきた」（一貫性が高い）、「他の友人も、Bさんがよく遅刻すると言っていた」（弁別性が低い）、「他の友人は遅刻しない」（合意性が低い）という情報があるとします。このとき、AさんはBさんの行動の原因を、「いい加減」なパーソナリティという内的要因に帰属すると考えられます。

　しかし、帰属において、われわれは与えられた情報をいつも合理的に判断しているわけではありません。特に、他者の行動に関する帰属では、内的要因を重視し、外的要因を軽視する傾向があります。このような傾向は、**基本的帰属のエラー**と呼ばれます。基本的帰属のエラーは、他者の行動が、他者からの要請や与えられた役割などの外的要因の影響を受けていることが明らかな場合でも見られることが示されており、**対応バイアス**（Gilbert & Malone, 1995）と呼ばれます。政治的な立場を支持する文章を読んだ人は、書き手がその文章を「強制されて書いた」と知らされていても、文章には書き手の意見が反映されていると推測されやすいことを示した研究があります（Jones & Harris, 1967）。日常の例でいえば、ドラマで悪役を演じる俳優は、台本で決められた役を演じても、役柄通り悪い人のように感じられるのは、対応バイアスによるものです。

　基本的帰属のエラーや対応バイアスが生じる理由は、情報処理（p. 4）の点から説明できます。ギルバートら（Gilbert 他, 1988）は、行動のカテゴリー化、特性推論、修正の3段階を仮定するモデルを示しています（図3-2）。このモデルによると、他者の行動を観察すると、行動がどのような意味をもつかを考え（行動のカテゴリー化）、行動に対応する特性を推論します（特性推論）。この第2段階まで

図3-2　3段階モデル（Gilbert 他，1988 に基づいて作成）

は，認知資源を必要としない，自動過程の情報処理です。ここで，相手について詳細に判断しようとする動機，判断のための時間的余裕がある場合には，統制過程の情報処理によって，外的要因の影響を考慮して第2段階までの判断を修正します（修正）。最初に挙げた例でいえば，Aさんは，遅刻したBさんの行動を「いい加減」な行動だとカテゴリー化し，Bさんの特性を「いい加減」だと推論したことになります。ここで，Bさんについて詳細に判断しようとする動機，判断のための時間的余裕がある場合のみ，「Bさんが遅れたのは，途中で電車が遅れたのかもしれない」などと考え，特性推論を修正するのです。遅刻してきたBさんの行動を，Aさんは「いい加減」なパーソナリティという内的要因に帰属したのは，修正の機会がなかったためです。統制過程の情報処理は認知資源を消費するために修正がなされない場合が多いです。基本的帰属のエラーや対応バイアスが生じる理由は，この修正がなされないためだと考えられます。

(太幡)

3.「わたし，真実に気づいちゃったんだけど。性格の個人差なんて本当は存在しないんじゃない？」〈社会構成主義〉

ケリーのパーソナルコンストラクト理論

　ときどき「この人はそんなふうに世界を見ていたのか……」と，自分と他者の人間観や世界観の違いに驚くことがあります。ケリーは人間観や世界観こそが，その人の行動や反応の基礎，すなわちパーソナリティだと考えました。そして，人は，それぞれの経験を通して，物事を区分けする自分なりのメガネ（これは，**コンストラクト**と呼ばれます）を作り出し，それを通して世界を見るのだと考えました。われわれはこのメガネなしには，自分の外側の世界を見ることはできず，常に自分のコンストラクトを通して世界を見ているのです。私と他者の人間の見方や世界の見方の違いは，このコンストラクトシステム（解釈の枠組みとして機能する，コンストラクトが集まって階層構造になっているもの）の違いなのです。

　人は，素朴な科学者として体験を分析，予測し，行動のフィードバックを得るなかで，このコンストラクトを作ります。これがどれくらいうまく実際の他者の行動にフィットしてそれをうまくとらえることができるかというのには出来不出来があり，うまくフィットしない場合は，違いを見分けることができず均一に見えてしまいます。コンストラクトとは，例えば，「良い」と「悪い」のように，類似性と対比性をもったカテゴリの集合体です。両立しうるもの，例えば，「良い」と「空」のような対はコンストラクトとしては成り立ちません。発達的に考えると，例えば，知らない人全般に対して恐怖をもつ状態から，知らない人にも良い人と悪い人がいるという状態になり，さらに良い人の「良い」にも誰にとってどのように「良い」のかにはいろいろある，良い人にも悪い面があることもある，というようにどんどんと，その個人に便利なように複雑になっていく過程ととらえることもできるでしょう。コンストラクトは，例えば，「恐怖」対「支配」のコンストラクトが「尊敬」と「軽蔑」のコンストラクトに変化するように，複雑になるだけではなく，変形することもありますし，他者のコンストラクトを取り入れることもあります。人は，他者のコンストラクトを取り入れた上で，自分の役割を見いだして演じるのです。このように，コンストラクトは個人の認知や行動に大きな影響を与えるので，ケリーはこの点に注目することで心理的問題の解決が可能だと考えました。

〈荒川〉

if...then... 行動パターン

「if...then... 行動パターン」とは，「もし○○であったら△△である」といった行動のパターンのことを意味します。例えば，Aさんには，大学の演習で割り振られたグループに知り合いが誰もいなかった場合はおとなしくしているが，知り合いがいると積極的になる，といった行動パターンがあるとします。一方，Bさんには，割り振られたグループに知り合いが誰もいなかったとしても，または知り合いがいたとしても，変わらずに積極的でいるといった行動パターンがあるとします。そして，Cさんには，知り合いがいる場合はおとなしくしているが，知り合いがいないと積極的になるといった行動パターンがあるとします。

このように，人にはその人独自の条件と行動の組み合わせのパターンがあります。さらに，そのパターンは基本的にはいつも見受けられます。先ほどのAさんが，先月は知り合いがいてもいなくてもおとなしい，とか，翌月には知り合いがいてもいなくても積極的になる，といったことは普通は見られません。このように，行動パターンは個人のなかで安定していると考えることができます。つまり，Aさんは，似たような状況であれば，知り合いがいないような場面ではおとなしく振る舞い，知り合いがいる場面では積極的になる，といった行動パターンが見られるだろうと考えることができます。そして，そのような行動パターンが安定していることは，**首尾一貫性**があると呼ばれます。if...then... 行動パターンは，パーソナリティを反映しているものとみなされています。

if...then... 行動パターンが生じるメカニズムとして，**認知・感情パーソナリティ・システム**（CAPS）というモデルが考えられています。これは，状況と，(if...then... パターンにより生じる)個人の行動が，個人内の認知的・感情的ユニットの結びつきの影響を受け，また，その認知的・感情的ユニットは，状況の特徴の影響を受けるといったモデルです。個人の特徴は，そのCAPSの認知・感情的ユニットにおける個人差がif...then... 行動パターンに反映されることによって表れているものと考えられます。

(鈴木)

一貫性

　友人を1人思い浮かべ、そしてその人のパーソナリティを思い浮かべてみてください。その友人は、（多少の変動はあるにしても）いつも同じようなパーソナリティであるように見えると思います。日によって、まるで別人みたいに穏やかであったり非常に攻撃的であったりといった変化はないと思います。

　さて、あなたは、自分の性格がどのような場面、どのような相手でも一貫していると思うでしょうか。親の前での自分、友人の前での自分、目上の人の前での自分、そして、恋人（好きな人）の前での自分、それぞれ、違う振る舞いをしていないでしょうか。これまでの研究でも、異なる場面では行動が一貫していないことが明らかにされています。

　しかし、友人の行動は一貫しているように見えます。普段、行動が一貫しているからこそ、その人と適切にコミュニケーションでき、その人との関係性を良好に保つことができるわけです。相手が毎日違う行動（日によって穏やかであったり怒りっぽかったり）をとるのであれば、あなたは困惑してしまうでしょう。

　友人の行動はいつも一貫しているように見える、しかし、場面によって行動が異なるように見える、という矛盾が存在します。これは、パーソナリティのパラドックス（一貫性のパラドックス）と呼ばれます。それでは、なぜこのような矛盾が生じるのでしょうか。

　この謎を解く鍵となるのが、**一貫性**という概念です。この一貫性という概念を適切に分離、理解することにより、矛盾を解くことが可能となります。まず、一貫性は、経時的安定性と通状況的安定性に、そして、通状況的安定性は、絶対的一貫性、相対的一貫性、首尾一貫性（コヒアランス）に分類することができます（図3-3）。

　経時的安定性とは、時間的な安定性についてのことであり、例えば、10歳の頃の行動と30歳の頃の行動が、大きな変化はなく安定しているということを意味します。しかし、10歳の頃の行動と30歳の頃の行動は、同じやり方で測定できないことが多く、実際に何がどの程度変化したのかしないのかがわかりにくいという問題もあります。

　通状況的安定性は、さまざま場面を通じたある行動の安定性についてのことを意味します。その1つである絶対的一貫性とは、ある人がどのような場面でも同じような行動をとるといったことを意味します。Aさんは常にどんな場面でも人見知りせず、Bさんは常にどんな場面でも人見知りする、といった感じでイメー

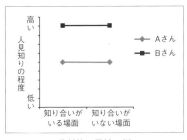
a：絶対的一貫性の例

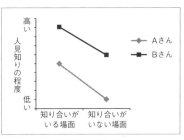
b：相対的一貫性の例

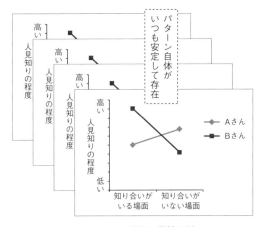
c：首尾一貫性の例

図3-3 それぞれの一貫性の例

ジしてください。

　相対的一貫性は，個人の行動は場面で多少変動するにしても，個人間の相対的な位置づけは変化しないというものです。Aさんは，知り合いがいる場面では少し人見知りするが，知り合いがいない場面では，人見知りしない。そして，どちらの場面でもBさんよりは人見知りをしない，といったイメージです。つまり，どんな場面でもAさんはBさんよりも人見知りしないということは変わりません。場面での程度の違いがあるだけです。

　さて，首尾一貫性とは，個人の行動は場面によって異なり，また，場面によって個人間の位置づけが異なるものの，そこに見られるパターンには安定性がある，というものです。Aさんは，知り合いがいる場面では人見知りしないが，知り合

いがいない場面では，少し人見知りするとします。また，Bさんは，知り合いがいる場面ではAさんよりも人見知りするが，知り合いがいない場面ではAさんよりも人見知りしないとします。このようなイメージです。そして，そのパターンが，いつも安定して存在している場合，首尾一貫性があるということになります。図3-3をみて確認してみましょう。

さて，はじめの話を思い出してみましょう。友人は，場面によって行動が異なるかもしれません。あなたの見ている友人の行動と，あなた以外の人が見ている行動は，異なっているかもしれません。つまり，場面による影響により行動はたしかに異なっています。しかし，あなたの前での行動はいつも首尾一貫性により安定していることになります。そのため，あなたが見ている友人の行動は，いつも一貫しているように見えるのです（他者の前でも一貫しているでしょう）。このように，首尾一貫性という考え方により，パーソナリティのパラドックスは解消されることになります。

首尾一貫性は，人‐状況論争の果てに生まれた新相互作用論（p. 65）の理論的背景となっています。

（鈴木）

少し前，「多重人格」の話をしてたけど。キムも自分が多重人格だと思うときあるの？

ごめんごめん。ちゃんと言わなきゃね。一般の人は「相手や場面によってキャラクターを使い分けている人」みたいな意味で「多重人格」って使うんじゃないかな。でも精神医学用語の「解離性同一性障害」とは，それとはかなり違う意味で使われているのね。
くわしくは岡野（2010）を読んでね。

状態と特性

　特性，あるいはパーソナリティといった場合，比較的長く続く行動や思考のパターンを指しますが，人の状態は常に同一というわけではありません。外向的な人も，全体としては外向的に反応することが多いとしても，常に外向的であるわけではないかもしれません。頻度は少なくても，ときには，あるいは状況によっては内向的に振る舞うこともあるでしょう。

　そのときそのときのその人の特性の傾向のことを状態と呼ぶことがあります。例えば，不安というのは感じやすい人と感じにくい人がいますが，感じにくい人も場面によっては不安に思うこともあるでしょう（図3-4）。そのため，そのときの一時的な状態としての不安を状態不安，少し長い期間で見たときの不安の感じやすさを特性不安と呼んで使いわけることがあります。なお，状態は，ある意味では感情や気分と言い換えることができます。例えば，外向性とは，さまざまな状況において積極的に他者と関わりをもちたい気分になりやすい傾向ということができるでしょう。

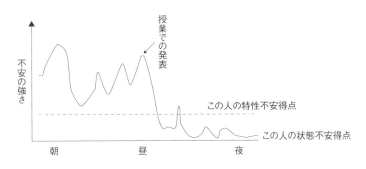

図3-4　ある日の不安の日内変動

　たとえるなら，特性は平均気温，状態はそのときそのときの気温です。東北地方の山形県は，年の平均気温でいえば，47都道府県のうち44位で日本のなかでは寒い地域ですが，一時的な最高気温でいえば，1933年に，その当時の歴代最高気温であった40.8度を記録したことがあります。このように，特性といっても常に同じ状態というわけではないのです。しかし，状態と特性は無関係であるというわけではありません。気温のたとえでいうならば，高い温度の状態が続け

ば，それは平均気温も上がることになります。しかし，これらは結果の話だけですので，どういう理由で温度が低くなりやすいのか，またどういう理由で急に高い最高気温になるのかを考える必要があります。山形県の場合，平均気温が低い理由としては北風の影響を受けやすい日本海側であることが，そして，高い最高気温が出る理由としてはフェーン現象*が挙げられるでしょう。人のパーソナリティについても同じことがいえます。ランダムに内向的，外向的になるのではなく，その傾向になりやすい理由やきっかけを理解することが必要です。なお，ここでは平均で話をしましたが，例えば，抑うつ的気分の変動の大きさをとらえる尺度のように，変動の大きさそのものを特性としてとらえるものもあります。

* 太平洋側からの湿った空気が，温度を維持したまま，日本山脈に阻まれて雨を降らせ，その結果として乾いた空気が山を下る際に暖まり，日本海側に高温をもたらす現象です。

(荒川)

状態と特性が別のものだとしても，例えば，お仕事とか，ずっと明るく振る舞う必要があったら，どうなるんだろう。

面白い疑問ね。もともとはそうではなかったとしても，外向的な人として見えるかもしれないよね。もちろん，そのように振る舞うことに無理があってしんどいと感じる場合もあるかもしれないけれど，特性によって個々の状態が決まるだけではなく，個々の状態の集合体が特性だともいえるかもね。

4. ニンゲンノココロ，ワカラナイ。〈類型論と特性論〉

（ヒューマノイドAが1人で騒いでいるところにキムとジョージが来る）

ヒューマノイドA：ぜんぜんわからなくなった。性格ってどうとらえたらいいの？ 結局，人それぞれで，見る人によっても場面によっても違って……ワー，ニンゲンノココロ，ワカラナイ。

ジョージ：いったいどうしたの？

ヒューマノイドA：ごめんごめん。性格について知識を整理しようとしてたんだけど，結局，性格をどういうふうに考えたらいいのかわからなくなって混乱しちゃったんだ。

キム：そうね。たしかに人の性格ってとっかかりがないとわからないから分類することで理解することもあるわ。人は他者を分類した方が，その人の行動の理由を理解しやすいし，予測しやすいし，それに対応しやすいから。そういうのを**類型論**というんだけど，**ユングの外向型・内向型**なんかが有名ね。

ジョージ：でも僕はそうやって人をタイプ分けするのって好きじゃないな。僕は内向型でも外向型でもない気がするもの。

キム：そうね。そもそも両方の中間のタイプの人もいるし，場面によって違う人もいる，さらにはこのように分類するのは多様性を無視しているっていう批判もあるわ。

ヒューマノイドA：そうだ！ 2つじゃなくてもっとたくさんのタイプに分ければいいんだ！

キム：それも1つの考え方よね。でも，いくつに分けても網羅できるわけではないわ。だから，そういうふうにどれか1つに当てはめるのではなく，さまざまな性質の高低でとらえる見方があるの（**特性論**）。

ジョージ：ふうん。でもそうしたとしても，無限にいろんな性質が想定できるからとりとめがなくなるんじゃない？

キム：たしかにそうかもしれないわ。でも，いろいろな性質は，そこまで細かく安定的に区別できるわけではないようなの。例えば，「優しい」

という性質が高い人は「親切」という性質も高くなるでしょう？
ヒューマノイドA：ふむふむ。たしかに。
キム：こういうふうに，さまざまな性質について尋ねていくと，ある程度ほとんどの人に共通する性質がでてくるの。本質的にその行動を起こしている要因は共通のこともあるしね（**キャテルの特性論**）。こういう考えに基づいて，古くは，2つの軸（**アイゼンクの2軸**）で考える見方が有力だったし，今では，5つの軸が人の多様性を一番よく説明するといわれているわ（**ビッグファイブ理論**）。
ジョージ：なるほど，僕は特性論の方が納得できるよ。みんな基本は同じだと思う。
キム：そうね。でも，類型論は，違いを直感的に理解することができるし，それぞれの人が生きているシステムの違いを意識させてくれると思うの。
ジョージ：どういうこと？
キム：つまり，性格の違いって，それぞれの人の環境適応パターンの違いだと思うんだけど（**オルポートの性格理解と定義**），違うパターンで適応している人同士は，お互いに理解できないかもしれないということを類型論は示していると思うの。
ヒューマノイドA：なるほど，AくんはDチャラく振る舞うことで，Aくんなりの方法でその場になじみ，Cさんは黙っていることで，Cさんなりの方法でもっともうまくなじんでいるのね。
キム：そうね。生物でいうと，一生自分では移動することもできず，動物に食べられるだけの木や草を人はかわいそうだとか下等だとか思うかもしれないけど，そもそも移動しないでも植物は繁栄し続けられたのだから，移動しないと生きていくことができない，人を含む動物の方がかわいそうという見方もあるわけ。
ジョージ：そういえば，みんなで数日泊まり込みで研究発表の準備をして無事完成したとき，僕は，いろいろ大変だったんだから早く家に帰って1人で好きなアニメでも見たいなぁって思っていたんだ。でも，キムは，いろいろ大変だったんだからみんなで騒ぎたいっていうものだから，僕には理解不能だったな。

類型論

　人は，他者の行動を理解，予測，制御するために，その人に顕著と思われる特徴で他者を分類する傾向があります。それは，例えば，ある人に「ルーズな人」というラベルをつけるとその人の遅刻を予測しやすくなるというように，ラベルをつけると他人の行動の予測が簡単になるからです。このように，人をいくつかのタイプに分けることで人を理解する考え方のことを**類型論**と呼び，体型による分類（p. 19），観相学（p. 18），血液型性格判断（p. 21）もその一種です。比較的新しい類型論もあります。例えば，周りへの適応を重視するかという軸と個人的成長を重視するかという軸の4象限にあたる，達成者型（適応も個人的成長も重視），節約者型（適応を重視，個人的成長を重視しない），探求者型（適応を重視しない，個人的成長を重視），消耗者型（適応も個人的成長も重視しない）の4類型で，異なる発達の仕方を理解できるというものがそれです（Helson & Srivastava, 2001）。

　パーソナリティのことを環境に適応するための行動パターンと考えることがあります。しかし環境への適応の仕方は，特性論で想定されるような連続的なものとは限りません。例えば，お笑い芸人の世界のなかで成功するキャラクターには，すごい勢いでしゃべり倒すキャラクターや，時々ボソッと毒を吐くキャラクターなどもあるかもしれません。でも普通のことを普通に話すキャラクターではお笑い芸人の世界で成功するのは難しそうです。お笑い芸人の世界は極端な例かもしれませんが，集団のなかで適応するスタイルは誰しもがもっており，お笑い芸人に限らずそのスタイルは複数あります。クラスのなかでも，あるキャラクターを自負して，そのキャラクターの視点で周りのことを理解し，また演じるという行動をとった方が，ある行動をしたときに，周りの人がどのように理解するかわかりやすくなるでしょう。このように，実際の行動や相互作用においては，類型化して考えた方が正しくなくても有効な場合もあると考えられます。類型論は今でもパーソナリティ心理学のなかで重要な視点といえるでしょう。

　人を類型的にとらえる方法については，人の変化をとらえにくい（内向的な人が少し外向的になっても類型的には内向型になってしまう），複数の類型の中間のタイプもいるはずなどといった批判もあります。人をほんの数種類のタイプに分けられるわけがないと思う人もいるでしょう。

（荒川）

ユングの外向型・内向型

　類型論の有名なものの1つにユングによる類型論があります。ユングは，臨床医（研究だけではなく，現場で患者を診る医師）として多くの患者と接するなかで，その患者のなかに2つのタイプがいると気づき，それを内向型と外向型と名付けました。内向型とは，自分の内面や主観に重きをおくタイプであり，外向型とは自分の外側にある関心の対象に重きをおくタイプです。外部に関心を向ける外向型は，集団で活動することを好み，他者と容易に親しくなり，場にすぐに慣れることができます。それに対して，自身の内面に重きをおく内向型は，狭く深い友人関係を築き，新しい場に慣れるのが苦手で，想像や思考といった自身の個人生活に没頭します。

　人は，この2種のうち，どれか1つだけをもっているのではなく，主たるものを補償するようにもう一方ももっているとユング自身も考えていました。ただし，人は事あるごとにその優勢な方を基準として理解し，行動するため，外向型の人は内向型の人の思考を理解不能だと考え，信念の対立による，歴史上のさまざまな争いも日常の多くの争いも，どちらに重きをおいて物事を見るかという習慣化した構えによって起こると考えました。

　なお，現在は，内向型と外向型だけが有名ですが，ユングは，内向型・外向型それぞれに，思考型・感情型・感覚型・直観型があると考えていました。

　ユングの内向・外向の考えは，アイゼンクなどの特性論にも，個人の性格をとらえる上で重要な座標軸として取り入れられ，内向性のとても強い人と外向性のとても強い人とでは，そもそもの内的な活性度に違いがあると考えられるようになりました。例えば，外向性の人は，内的な活性が低いので，外部の刺激によってそれを高めようとします。そのため，内向性の強い人は，回避性パーソナリティ障害に，外向性の強い人は，演技性パーソナリティ心理学障害になりやすいとされています。また，学習をしやすくなる条件も異なり，内向性の高い人は罰に敏感で，外向性の高い人は，報酬に敏感といった違いがあるといわれています。これら内的な活性度やなりやすい障害，学習のしやすさなどが異なる背景にはドーパミン報酬系と呼ばれる脳内の神経伝達物質に関わる機能の違いが想定されています（p. 70,「パーソナリティの神経基盤」）。

（荒川）

特性論

あなたは,スマートフォン(以下,スマホ)を購入するときに,どのようなことを重視するでしょうか。スマホAは,軽くて,性能も良いけれども,デザインがイマイチ,スマホBは,少し重くて,性能は良くて,デザインも良い,といった感じで比較して選ぶかもしれません。もしかすると,人気があるか(周りの友達の多くが持っている)どうかも,比較する際に重視するかもしれません。

このように,軽さ,性能,デザイン,人気など,さまざまな物差しでそれぞれのスマホの個性をとらえることができます。この物差しは,さらに増やすこともできます。金額,充電池の持ちなどが物差しとして使えるかもしれません。

この例は,スマホの個性に着目したものですが,人の個性についても同じようにさまざまな物差し(個性をはかり表すための物差しは,**特性**と呼ばれます)を準備し,その物差しによって,その程度の大小で人の個性をはかり,表すことができます。これは,パーソナリティの**特性論**と呼ばれます。パーソナリティの特性論は,今現在も用いられているパーソナリティの理解の主な方法です。

それでは,人の個性をパーソナリティの特性論によって表すことを考えてみましょう。例えば,すべての人について,「やさしい」と「まじめ」という特性について得点付けすることができるでしょう。例えば,Aさんは,とても「やさしい」(10点中10点),けれどもあまり「まじめ」ではない(2点)かもしれませんし,Bさんは,あまり「やさしい」わけではない(3点)けれど,とても「まじめ」だ(8点)と表現できるかもしれません(図4-1)。このように,すべての人に共通し

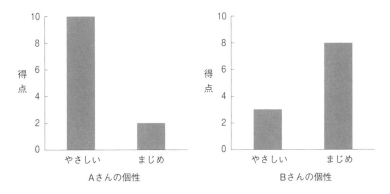

図4-1　AさんとBさんのやさしさとまじめさの程度

て想定できる特性は，**共通特性**と呼ばれます*。

しかし，「やさしさ10点」「まじめさ2点」だけでAさんのパーソナリティが表現できるわけではありません。共通特性は，他にも考えられます。どの特性を用いるのか，そして，その特性がいくつあればその人らしさを表現できるか，ということが問題になってきます。

これまで，さまざまな考え方，とらえ方によって，特性論の研究がおこなわれてきました。主要な特性論には，**キャテルの特性論**（p. 41），**アイゼンクの特性論**（p. 42），**ビッグファイブ理論**（p. 44）などがあります。特性論的な考え方と遺伝の関係については，**クロニンジャーの理論**（p. 55）を紹介します。

* 一方，それぞれの個人にしか存在しないような特性は，**個別特性**と呼ばれます。

（鈴木）

ふむふむ。でも，やさしさって何かね？

また博士が意地悪なことを言う…。

たしかに…。人間にだけやさしいのは，やさしい人なのかな。

そうね…。やさしさという特性も，構成概念よね。どういう測り方・聞き方かで，測られている「やさしさ」の意味は変わってくる。

キャテルの特性論

　特性論の1つとして、キャテルの特性論があります。キャテルは、特性には個人に特有な特性（個別特性）と、程度はともかくすべての人が有する特性（共通特性）があると考えました。さらに、観察可能な個人の特性（やさしさ、など）と、その背後にあって直接見ることができない特性を区別しました。そして、人々に共通し、個人の目に見える特性の背後にある特性を見いだそうとしました。このような、行動の背景に想定する概念は、因子と呼ばれます[*]。

　キャテルは、観察可能な行動を数値化し、それについて**因子分析**（p. 108）という統計手法を用いて、特性の整理をおこないました。行動のデータ化のためには、パーソナリティ表現の用語からなるリストに対する回答をデータとして用いました。そのリストは、オルポートらがまとめた性格に関する言葉をさらに整理したもので、171のパーソナリティ表現で作成されています。なお、ここで用いられた方法は、心理辞書的研究と呼ばれます（p. 46,「オルポートの性格理解と定義」参照）。キャテルは、この用語のリストについて、反対の意味の用語をセットにしてまとめました。例えば、「情緒的－平静な」、「思いやりのない－思いやりのある」、といったセットです。そして、その用語のセットに対して、対象者が自分自身にどの程度あてはまるか、その程度を評定してもらいました。そして、人が自分自身を評定したデータに対し因子分析をおこない、因子の抽出を試みました（Cattell, 1965 斎藤他訳 1975）。そして、最終的には、16の因子を抽出しました。このことから、キャテルは、その人らしさを16の因子で表すことができるとしました[**]。

　キャテルは、人の行動は特性と環境の相互作用によって生じるといった人の心のダイナミクスを想定し、広い観点から特性を扱っています。実は、16の因子については、当時の分析手法の限界もあり、同じ調査をおこなってもなかなか同じような結果が得られないという問題も指摘されています。しかし、因子分析によって客観的データをもって特性をまとめようとしたことは、後の**特性論**の研究の源流になったといえます。

[*] 心やパーソナリティと同様に構成概念（p. 3）の1つです。
[**] この16因子を測定するための心理尺度（16PF Questionnaire）が作成されています。

（鈴木）

アイゼンクの2軸

　特性論の1つに，アイゼンクの理論があります。アイゼンクは，2つの軸によってその人らしさを表せるとしました。それは，「内向性 - 外向性」と「神経症傾向 - 安定性」の2つです。前者は，意識の向く方向についての傾向として，意識が自分に向いているのか周りに向いているのか，その程度を表す軸です。後者は，情動的反応の傾向として，神経質かどうか，その程度を表す軸です。アイゼンクは，この2つの軸のそれぞれについて，生理レベルでのメカニズムを仮定して，実証的に検討を重ねました。

　人々はこの2つの軸上のどこかに位置づけられることになります。例えば，「内向性 - 外向性」の軸では，人々はきわめて内向的な人からきわめて外向的な人までのどこかに位置づけられます。外向的な人は，社交的で他者と関わるのが好きな傾向があります。刺激を求めて活動的だからです。また，内向的な人は，静かで内省的な傾向があります。刺激に反応しやすいために刺激を回避する傾向があるからです。

　「神経症傾向 - 安定性」の軸では，人々は，神経症傾向が高い人から安定的な人までのどこかに位置づけられます。神経症傾向が高い人は，情緒的に不安定で不安を感じやすい傾向があります。また，安定的な人は，気分が安定していて不安を感じにくい傾向があります。

　アイゼンクの特性論では，この「内向性 - 外向性」と「神経症傾向 - 安定性」の2軸で人の特徴が記述されます。例えば，Aさんは，「内向性 - 外向性」の軸では平均よりも少し内向性の方に位置づけられ，また，「神経症傾向 - 安定性」の軸では，かなり安定性の側に位置づけられる，しかし，Bさんは，「内向性 - 外向性」の軸では平均よりもかなり外向性の方に位置づけられ，また，「神経症傾向 - 安定性」の軸では，やや神経症傾向の側に位置づけられる，といった具合です。

　それぞれの軸の組み合わせによる特徴を図4-2に示します。例えば，外向性が高く神経症傾向が高い人は，怒りっぽい，落ち着きのない，などの特徴を有しているということになります。

　「内向性 - 外向性」と「神経症傾向 - 安定性」のそれぞれについては，階層的な構造も想定されています。それは，類型水準，特性水準，習慣反応水準，特定反応水準の4つからなる階層です（図4-3）。例えば，外向性の下の階層には社交性や衝動性や活動性などがあります。そしてそれらは，日常生活の1つひとつの行動（特定反応水準）が，その特徴ごとにまとめ上げられたものです。

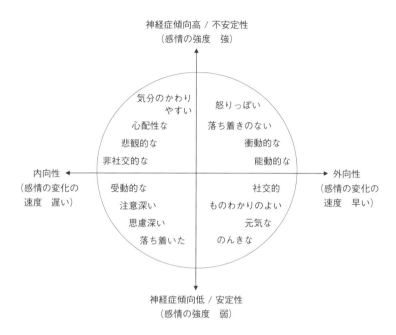

注）円内は各領域の特徴の例です。

図 4-2　パーソナリティの次元と 4 領域
（Eysenck & Rachman, 1965 黒田訳編 1967 に基づいて作成）

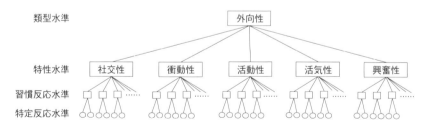

図 4-3　パーソナリティの階層モデル（Eysenck, 1967 梅津他訳 1973 を改変）

　なお，アイゼンクは後に，「精神病質傾向」という 3 つ目の次元を加えています。衝動的や創造的といった特徴の程度を表す軸です。この軸によって，精神的疾患にかかった人の個人差も表すことができるとしました。しかし，この軸は現在はあまり扱われていません。その理由として，この軸が他の軸と異なり定義が曖昧であることなどが挙げられます。

(鈴木)

ビッグファイブ理論

　キャテルやアイゼンクなどに見られるように，人におけるいくつかの特性を見いだし，その特性の程度によってその人らしさを表現しようとする試みがおこなわれてきました。アイゼンクは2つの軸を見いだしました。キャテルは16の軸を見いだしました。研究者によって，いくつの内容でその人らしさを表そうとするかは異なっています。それでは，現在の主流はいくつなのでしょうか。

　現在最も支持されている特性の数は5つとなっています。この5つの特性によって人を表そうとする考え方は，ビッグファイブ理論，もしくは5因子モデルと呼ばれます。従来，いろいろな考え方が主張されてきましたが，1980年代に入りゴールドバーグが指摘して以降，5つの因子（このモデルでは因子という言い方をします。因子については p. 108 参照）*が注目されるようになりました。その後，研究が積み重ねられ，現在では，その5因子が普遍的にみられるという考え方が支持されるようになってきています。ちなみに，ビッグファイブ理論と5因子モデルは，重視するものやアプローチが異なりますが，少なくとも，パーソナリティを5つの因子で理解しようとしているのは共通です。

　5つの因子の名称は，研究者によって若干異なっていますが，ある程度の共通性はあります（表4-1）。例えば，「外向性（Extraversion）」「調和性（Agreeableness）」「誠実性（Conscientiousness）」「神経症傾向（Neuroticism）」

表 4-1　5 つの因子の名称とその特徴 (鈴木, 2012)

名称（英語）	名称（日本語）	特徴の例
Extraversion / surgency	外向性	活動的で積極的に人と関わり話し好きである
Agreeableness	調和性 / 協調性	良心的であり他者を信頼し協力的である
Conscientiousness	誠実性 / 良識性 / 統制性	十分に考えて自律して目標を達成する
Neuroticism / emotional stability	神経症傾向 / 情緒安定性 / 情緒不安定性	感情が不安定で衝動的である
Openness to experience / intellect / culture	開放性 / 経験への開放性 / 知的好奇心	想像的・創造的であり好奇心がある

注）名称は代表的なものをいくつか英語と日本語それぞれについて並べているだけであり，英語と日本語で対応させているわけではありません。

「開放性（Openness to experience）」です。外向性は，活動的で積極的に人と関わり話し好きであるという特徴であり，調和性は良心的であり他者を信頼し協力的であるという特徴であり，誠実性は，十分に考えて自律して目標を達成するという特徴です。また，神経症傾向は，感情が不安定で衝動的であるという特徴，開放性は，想像的・創造的であり好奇心があるという特徴です。これらを測定するための尺度もいくつか開発されています。有名なものとしては，NEO-PI-R（Revised NEO Personality Inventory: Costa & McCrae, 1992）や，その短縮版である NEO-FFI（NEO-Five Factor Inventory: Costa & McCrae, 1992）などがあります。また，日本では，並川ら（2012）や小塩ら（2012）なども用いられています（具体的な尺度の内容は，巻末の「ワーク：心理尺度の体験」をご覧ください）。

　この 5 因子は，文化を超えて確認されるといわれていますし，ある程度遺伝するとされています（p. 61,「単変量遺伝分析」参照）。また，自己評定と他者評定（例えば，本人（A さん）による評定と，他者（B さん）による A さんについての評定）がそれなりに一致しているともいわれています。現在，ビッグファイブ理論に関する数多くの研究が積み重ねられています。他にも特性論のモデルはありますが，5 因子からなるモデルが最終的なパーソナリティのモデルとなるか，検討が進められています。

＊ 5 つの因子で個人差を表現する際に，「5 次元」といった表現が用いられることもあります。

（鈴木）

オルポートの性格理解と定義

　オルポートは，有名なパーソナリティ研究者の1人で，パーソナリティ理解のために，神学や哲学など数多くの学問の知見をもとに，パーソナリティ（その人らしさ）を理解しようとしました。そのなかで，パーソナリティについて，「環境への独自の適応を決定する個人内のダイナミックな心理的生理的体制である（Allport, 1937 詫摩他訳 1982）」と言及しています。彼は，パーソナリティの定義としてこのように言及したわけではないのですが，現在のパーソナリティ心理学では，彼の言及がパーソナリティの定義として挙げられることが多いです。

　オルポートは，統合された自己をパーソナリティと考えました。つまり，やさしさや積極性などの個々の特徴のことではなく，その人全体としてのその人らしさをパーソナリティと考えました。そして，その人らしさとはその人独特のものであり，その人自身を表す**個別特性**（p. 41 参照）を明らかにしようとしていました。一方，すべての人が共通してもっている特徴（**共通特性**）にはあまり興味をもっていませんでした。

　オルポートは，心理辞書的研究をおこなったことでも有名です。彼は，言葉が人の特徴と関連していると考え，言葉を整理すれば人の特徴も整理できると考えました。そして，辞書に載っている言葉を整理することによって，人の特徴を理解しようとしました。彼とその仲間のオドバートは，ウェブスター新国際英英辞典に掲載されている40万語をもとに分類を進めました。まず，目立った個人的な行動形態を示すパーソナリティ表現17,953語を収集・整理し，4つに分類しました（Allport & Odbert, 1936）。①個人の特性を示す中性的な言葉（活動的な，など），②主として一時的な気分や活動を記述する言葉（驚いた，など），③個人の行為の社会的，性格的判断を意味するか，あるいは他者への影響を指すべく重みづけられた言葉（許容できる，など），④その他，の4つです。このような分類，整理により，人の特徴を理解しようとしたのです。なお，この方法は，キャテルなどもおこない，また，近年パーソナリティの主要理論とされるゴールドバーグのビッグファイブ理論（p. 44）にも受け継がれていきます。

　なお，オルポートは，パーソナリティを常に変化し成長しつづけるものと考え，固定し安定したものとは考えていませんでした。環境との相互作用を常におこない，変化し続ける総体として，その人らしさを考えていました。

（鈴木）

5. 一番いい遺伝子を量産した方がよさそうだけど。
　〈遺伝〉

ヒューマノイドA：ジョージには兄弟っているの？
ジョージ：いるよ。双子の弟のサム。アメリカで牧師をしてるよ。
ヒューマノイドA：いいなぁ。同じ工場で生まれたヒューマノイドはたくさんいるけど，人間の兄弟みたいな特別な関係ではないもの。サムはどんな人？
ジョージ：うん？　いいやつだよ。
キム：一度サムが日本に来たとき会ったけど，見た目はもちろん，趣味なんかもジョージにそっくりでびっくりした。ある日ジョージが仕事だったから，サムと2人で出かけたんだけど，初めてのレストランなのに，いつもジョージが頼んでいるのと同じものを頼んでた。
ヒューマノイドA：へえ，僕たちヒューマノイドは，基本はプロセッサの性能とプログラムの学習内容で個体差ができるんだけど，人間はどういうふうに個体差ができるの？
キム：個体差じゃなくて個人差ね。そうねえ。例えば，生まれてすぐ引き離されて，それぞれ全く別々に育てられた一卵性双生児の兄弟が39年ぶりに再会したとき，お互いの過去を話してみると，子どもの頃は同じ科目が得意で，大人になって同じ名前の女性と結婚し，同じ名前の女性と再婚し，趣味も同じで，同じ名前の犬を飼っていたって話があるわ。
ジョージ：双子の運命だね？
キム：うーん。まあ，ここまで一致するというのは極端な例だし，もちろんいつどんな服を着るかが生まれたときから決まっているわけではないんだけど，基本的な傾向については，親から受けついだ**遺伝**の影響があるといわれているわ。
マッドサイエンティスト馬田：はい。ここからは私が解説しよう。
ジョージ：Σ(ﾟдﾟ;)ｴｰｯ！　急にどうしたんですか？　博士！
キム：博士は人工知能の専門家であるとともに遺伝子工学の専門家でもあるのよ，実は。

マッドサイエンティスト馬田：遺伝子操作で天才的能力をもった人間を作り出そうとしてきたのだからな。それはさておき，遺伝は人間の外見だけではなく，性格にも影響するのだ。

アンドロイドＡ：でも双子のなかにも，外見も全く違う人もいるよ。

キム：そういう人は二卵性双生児なんじゃないかしら。遺伝子は，母親と父親の23対の染色体のうちのどちらか一方ずつを受け継ぐから，そのどういう組み合わせで受け継ぐかで兄弟でも変わってくるのね。同じ精子と卵子から生まれた一卵性双生児はほとんど同じ遺伝子を共有しているけど，二卵性双生児は，共有していないの。

マッドサイエンティスト馬田：ちなみに，もちろん，ある１つの遺伝子がさまざまな面に影響することもあるが，別に，例えば，身長遺伝子・性格遺伝子というのがあって，それが１つだけで身長・性格が決定されるというわけではない（**ポリジーンモデル**）。

ヒューマノイドＡ：へえ，知らなかった。他の生物もそうだけど，人間はどうして，完全に親の形質を受け継がずに，そんなふうに毎回組み合わせを変えたりするの？　そもそもなんでいろいろな個性を生み出す遺伝子があるの？　一番いい遺伝子を量産した方がよさそうなのに。

キム：それはね。全員がある１つの遺伝子だと，例えば，偶然その遺伝子が弱い病気が流行ったり，その遺伝子が生み出す行動が不利に働く環境になると全滅してしまうからと考えられてるわ（**遺伝的多様性**）。

ヒューマノイドＡ：なるほど。だからできるだけいろんな遺伝子の組み合わせをもった，いろんな人がいる方がいいのね。すごーい。さっきの話に戻るけど，遺伝子は外見だけではなくて性格にも影響するの？

マッドサイエンティスト馬田：もちろんだ。性格にも影響する（**クロニンジャーの理論**）。例えば，セロトニン・トランスポーター（5-HTT）に短いもの（s）が１つでもある人は長いもの（l(エル)）だけの人よりも不安が強くなりがちであることがわかっている。ちなみに，この遺伝子は人種によって保有率が異なり，日本人では98%に上るというデータもある*。

ヒューマノイドＡ：日本人は対人不安が昔から問題になっていたって聞いたことがある。そういうことなんだ。

ジョージ：うーん。でも僕はアメリカ人だけど人前に立つのとか大の苦手だな。

マッドサイエンティスト馬田：むろんこの遺伝子は日本人には特に多いといわれているが，アメリカ人でも保有している人がそれなりにいる。

ヒューマノイドA：でも，遺伝だけで決まるわけではないんでしょ？　もし遺伝だけですべて決まるんだったら，ジョージと同じように，サムも科学者を目指したり，日本で暮らしたりしているはずだもんね……。

マッドサイエンティスト馬田：そのとおり。その人の行動パターンには，遺伝だけではなくて環境も影響している。

キム：そうだけど，この遺伝の影響の話って重要だと思うのよね。

ヒューマノイドA：なぜ？

キム：だって，今の社会では環境の影響ばかりが重視されて遺伝の影響を過小評価しているように感じるの。たしかに，遺伝は変えられないから，個人や周りができることは環境を整えることやその個人の努力で，それらはもちろんそれぞれの人にはポジティブに働くわ。

ヒューマノイドA：それはわかるよ。

キム：でも，他の人にはできるから，それができない人がいるのは，環境の整備やその人の努力が十分ではないからだと考える社会の風潮がある気がするの。

ヒューマノイドA：そうかぁ。たしかに。

キム：遺伝子の話は，他の人にできることであっても，ある人にとっては環境の整備や本人の努力ではとても難しいことがあるということを示していると思うのね。

* Nakamura 他（1997）

遺伝

　人の外見やパーソナリティについて，「外見は母親そっくり」，「頑固なところは父親譲り」などと，親と似ている点に着目することが多くあります。特徴が似ている理由として，「親の特徴が遺伝したから」と，遺伝を理由として考えることも多いでしょう。

　遺伝とは，生物を特徴づける形や性質（形質）が次の世代，つまり親から子に伝達されることです。遺伝される形質（遺伝形質）により，ある生物の種は他の種と区別されます。人間からは人間のみが生まれるのも，遺伝形質によるものです。

　生物の形質を親から子へ伝達しているものが，細胞のなかにある**遺伝子**です。遺伝子は，DNA（デオキシリボ核酸）と呼ばれる物質の一種です。DNA は，アデニン（A），グアニン（G），シトシン（C），チミン（T）という 4 つの単位（塩基）によって構成されます（図 5-1）。アデニンとチミン，グアニンとシトシンの組み合わせで対になって結合し，二重らせん構造になっています。DNA が配列されているのは，細胞核*のなかにある染色体と呼ばれる物質の上です。人間の DNA は 46 本の染色体に分かれています**。46 本の染色体は 2 本ずつセットになっており，性別を決める 2 本の染色体は性染色体，それ以外の 44 本の染色体は常染色体

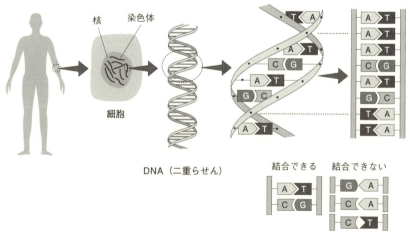

図 5-1　DNA の構造

と呼ばれます。人間を構成する遺伝子は，約2～3万個とされています。遺伝子の多くは，すべての人間に共通したものです。一部の遺伝子のみ，DNAの配列が個人ごとに異なっており[***]，この違いが人間のさまざまな個人差を生み出しています。染色体の組み合わせは，過去から未来にわたる，地球上に存在する人間の数をはるかに超えるほど多様であると考えられています。

　遺伝では，親から子どもに同じ遺伝子がそのまま伝えられるわけではありません（p. 52）。2本ずつセットになっている染色体は，父親の精子が母親の卵子に受精する際に，減数分裂という細胞分裂の働きによって半分になり，新しい組み合わせとなって子どもに伝達されます（図5-2）。親と子どもは遺伝子の配列が異なるので，親の形質が子どもにそのまま伝達されるわけではないのです。

[*] 細胞核は，細胞の中心に1個ある球体の物質です。核をもつ細胞は真核細胞と呼ばれます。人間をはじめ，動物の細胞は真核細胞です。
[**] DNAは太さが約2nm（1nmは100万分の1mm）で，凝縮しています。1つの細胞核には，全部合わせると約2mのDNAが入っています。
[***] 人間には約30億の塩基対があり，そのうちの約99.9%はすべての人間に共通しています。異なっているのは約0.1%です。

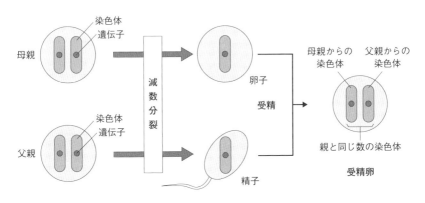

図5-2　受精卵の形成と染色体

（太幡）

ポリジーンモデル

心理学や行動遺伝学（p. 58）では，心理的，行動的特徴は，1 つの遺伝子のみだけではなく，数多くの遺伝子の影響の結果として形成されると考えられています。このような考え方は，**ポリジーンモデル**と呼ばれます*。ポリジーンモデルでは，ある心理的，行動的特徴の素質を高める遺伝子を多くもっているほど，全体としてその素質が高くなると仮定します。

ポリジーンモデルに基づいて，素質が遺伝するプロセスを考えてみます。仮に，外向性のパーソナリティに関する 10 個の遺伝子があるとします（図 5-3）。白は「外向性を高める遺伝子」，黒を「外向性を低める遺伝子」とします。この例では，父親は 10 個中 5 個，母親は 10 個中 7 個の「外向性を高める遺伝子」をもっています。染色体は 2 本ずつセットになっていることから（p. 50），ある情報に関す

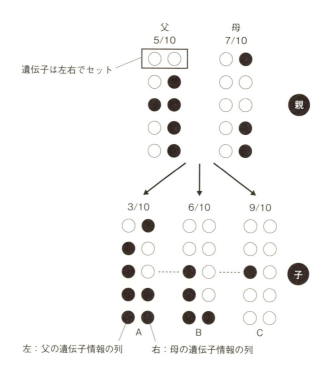

図 5-3　ポリジーンの遺伝 （安藤，2000 に基づいて作成）

る遺伝子は，父親，母親ごとに左右でセットに描かれています。このセットになっている遺伝子の左右のどちらか1つが，ランダムに子どもに伝達されます。「白と黒」のセットの場合は「黒」か「白」のいずれか，「白と白」のセットの場合は「白」が，「黒と黒」のセットの場合は「黒」が伝達されます。子どもの遺伝子について，左の列の5つは父親の遺伝子情報の列，右の列の5つは母親の遺伝子情報の列です。子どもの遺伝子のパターンには，さまざまな可能性があります。図5-3のAは，「外向性を低める遺伝子」が特に多く遺伝したパターンです。一方，Cは，「外向性を高める遺伝子」が特に多く遺伝したパターンです。また，Bは，両親の中間のパターンです。組み合わせパターンを考えると，Bのような，両親の中間のパターンになる可能性が高いです。しかし，AやCのような，両親とは似ていないパターンになる可能性もあります。「トンビが鷹を生む」のことわざのように，両親と比べると，非常に外向性が高い，あるいは非常に外向性が低い子どもが生まれる可能性もあるのです。

　なお，パーソナリティなどの心理的，行動的特徴に対する遺伝の影響は，2つに分けることができます。1つは，遺伝子1つひとつの足し合わせによってもたらされる，相加的効果です。ポリジーン・モデルは，相加的効果を前提としています。もう1つは，遺伝子間の組み合わせによってもたらされる，非相加的効果です。例えば，顔全体の雰囲気や美しさは，個々の部位の足し合わせよりも，部位の全体的な組み合わせによる非相加的効果で決まると考えられます（図5-4）。

*「ポリ（poly）」とは「たくさんの」という意味です。

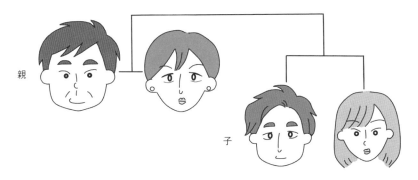

図 5-4　遺伝の非相加的効果

（太幡）

遺伝的多様性

　遺伝（p. 50）やポリジーン・モデル（p. 52）では，親から子どもに同じ遺伝子がそのまま伝えられるわけではなく，新しい組み合わせとなって子どもに伝達されること，その結果，多様な遺伝子の組み合わせが生じることを説明しました。1つの種のなかで個体間に見られる遺伝的な違いは，**遺伝的多様性**と呼ばれます。遺伝的多様性は，人間に限らず，動物や植物にも見られます。

　遺伝的多様性には，2つの側面があります。1つは，単一の集団内にみられる変異です。例えば，親やきょうだいとパーソナリティが異なることが挙げられます。多様性があった方が種の存続に有利であったので，多様性のある種が生き残ったために生じたとされています。遺伝的多様性が高ければ，環境が変化しても，環境の変化に適応して生存するための遺伝子が集団内にある確率が高くなります。一方，遺伝的多様性が低く，集団内の誰も伝染病などに抵抗する遺伝子をもっていなければ，集団内のすべての個体が同じ病気にかかってしまいやすくなり，結果的にその種が絶滅してしまう恐れがあります。例えば，イリオモテヤマネコ（沖縄県の西表島に生息する野生のネコ）は，遺伝的多様性が低く，遺伝的障害が起こりやすい状態であると報告されています（増田, 1999）。

　遺伝的多様性のもう1つの側面は，地理的に隔たった集団間の変異です。例えば，世界の地域ごとに，肌の色が異なることが挙げられます。このような遺伝的多様性は，進化の過程の産物として生じたとされています。**進化**とは，遺伝が繰り返されることで，生物の形質が変化していく現象を指します。進化の視点では，ある環境下で，適応しやすい特徴をもった個体は，生存に有利になるため，同じ遺伝子をもった個体を多く残すことができるのです。遺伝が繰り返されると，その環境において適応的な形質を，集団内の多くの個体がもつように変化していくと考えられます。環境ごとに適応に有利な形質が違うならば，1つの種の集団間に遺伝的多様性が生じます。例えば，人間の肌の色が世界の地域ごとに違うのは，紫外線*を遮る役割をする，メラニン色素という物質の量の違いによるものです。太陽の光が強い赤道に近い環境では，紫外線から皮膚を守るのに有効なので，メラニン色素を多く含む黒色の皮膚という特徴を有する人が多くなります。

---

* 紫外線は皮膚に対して発ガン作用があります。

（太幡）

クロニンジャーの理論

近年，パーソナリティを4つの「気質」と3つの「性格」の7次元に分ける理論が，クロニンジャーら（Cloninger 他，1993）によって提唱されています。この理論は，**気質と性格の7次元モデル**と呼ばれます。ここでの「気質」とは，無意識的に周囲の刺激に反応する側面を指し，相対的に**遺伝**（p. 50）の影響が強いとされています。他方「性格」とは，意識的に行動をコントロールしようとする側面を指し，相対的に遺伝の影響が弱いとされています。

「気質」には，新奇性追求，損害回避，報酬依存，固執の4次元が仮定されています（表5-1）。これらはドーパミン，セロトニン，ノルエピネフリンといった脳内の神経伝達物質の機能との関わりが想定されています（p. 70）。他方，「性格」には，自己志向，協調，自己超越の3次元が仮定されています（表5-2）。

クロニンジャーの理論は，パーソナリティを，遺伝の影響が強い「気質」と環境の影響が強い「性格」とに分け，生物学的な検証を重視しています。しかし，遺伝子と気質の関連は，一貫して認められているわけではないようです（木島，2000）。

表5-1　クロニンジャーの気質

	この傾向が強い人は	関連する神経伝達物質
新奇性追求	刺激を求めたり，衝動的な行動を起こしたりする傾向がある	ドーパミン
損害回避	将来を悲観したり，はっきりしないことを恐れたりする傾向がある	セロトニン
報酬依存	現在の習慣的な行動を持続させる傾向がある	ノルエピネフリン
固執	忍耐力があって1つのことに粘り強く取り組む傾向がある	

注）ドーパミンは快楽や喜び，ノルエピネフリンは怒りや不安などをそれぞれ司り，セロトニンは両者のバランスを保ち心の安定をもたらします。

表5-2　クロニンジャーの性格

	この傾向が強い人は
自己志向	自分を受け入れ，責任感をもち，目標に向かって努力する傾向がある
協調	他人に共感したり，他人と協力したり，社会的に受容される傾向がある
自己超越	個人の視点を超えたより大きな視点から世界をとらえたり，スピリチュアルなものを受容したりする傾向がある

（友野）

6. どういうふうに遺伝と性格の関係を研究しているの？
〈行動遺伝学〉

ヒューマノイドＡ：博士はどうやって遺伝と性格の関係を研究しているの？

マッドサイエンティスト馬田：まず生まれたばかりの双子を病院からさらってきて……。

ヒューマノイドＡ：えっ（￣□￣;）!!

キム：嘘よ。悪ぶらないで正直に言いなさい。ベシッ

マッドサイエンティスト馬田：イタタ…さまざまな双子にお願いして協力してもらっている。

キム：まあ，博士はそういうの苦手だから私がやっているんだけどね（<u>行動遺伝学</u>）。（´∀｀*）

マッドサイエンティスト馬田：（キムを無視して）さっき一卵性双生児と二卵性双生児の話がでただろう。一卵性双生児は遺伝子を100%共有し，二卵性双生児は50%共有していると考えられる。キリッ

ヒューマノイドＡ：なるほど，同じ双生児でも一卵性か二卵性かで遺伝子の共通している割合が倍なのか。

マッドサイエンティスト馬田：そうだ。ジョージの親が離婚し，サムとジョージは，母親に育てられたのだが，2人は一緒に育てられた。だから2人はある意味では同じ環境で育っている。しかし，学校のクラスが違ったり，友達が違ったりして，環境が同一とはいえない部分もある（<u>共有環境と非共有環境</u>）。また，39年ぶりに再会した双子の例（p.47参照）のように，双子が別々に育てられれば共有環境はなくなる。こんなふうに遺伝子がどれだけ共通するか，共有環境がどれだけあるかを押さえた上で，一卵性双生児と二卵性双生児の性格や知能について調査をおこない，それぞれの条件ごとのその一致度の違いを見ることで，遺伝と環境の影響がわかってくるのだ（<u>単変量遺伝分析</u>）。実はジョージと知り合ったのも，この研究がきっかけだった。

キム：ジョージもそのときはこんなダメ博士とは思わなかったでしょうけ

どね。
ジョージ：そうかな。僕は博士のインスピレーションと情熱には学ぶところがたくさんあるよ。
キム：ジョージは人がいいよね。私はそういうジョージが大好きなんだけど，ジョージは女性には興味がないものね。
ジョージ：ごめん。キム。キムは僕にとって，とっても大事な友達なんだけどね。

行動遺伝学

　心理的,行動的特徴について,遺伝,環境の影響の強さはどの程度でしょうか。**行動遺伝学**では,双生児(双子),親子,きょうだいのような血縁のある人たち,養子の親子,養子のきょうだいのような血縁はなく一緒に生活している人たちなどに着目し,彼らの類似性を検討して遺伝の影響の強さを推定します。特に,双生児を対象とした研究が多くおこなわれており,**双生児研究**と呼ばれます。

　双生児には,一卵性と二卵性の2種類があります*。あなたが知っている例を考えると,外見がそっくりな双生児もいれば,あまり似ていない双生児もいるでしょう。双生児のうち,1個の受精卵が母親の胎内での発達初期に何らかの理由で分離し,それぞれの受精卵から生まれた双生児は,**一卵性双生児**です。一卵性双生児は,分離した受精卵は全く同じ遺伝情報をもっていることになるので,遺伝情報の一致率は,ほぼ100%です。性別は同じになります。外見がそっくりな双生児は,一卵性双生児の可能性が高いです。一方,2個の卵子が母親の胎内で別々に受精し,それぞれの受精卵から生まれた双生児は,**二卵性双生児**です。二卵性双生児は,遺伝的には双生児ではないきょうだいと同じとみなせるので,遺伝情報の一致率は,人によって変わりうる遺伝子のうちの約50%と考えられます。性別が異なることもあります。

　双生児研究では,一卵性双生児と二卵性双生児の複数のペアを対象とし,心理的,行動的特徴ごとに類似性を比較します。例として,日本において青年期から成人期の,双生児のパーソナリティや知能の類似性の分析結果(Shikishima 他,2006)を示します(図6-1)。双生児の類似性は,相関係数(p.10)によって表現されます。ある特徴について,双生児が完全に一致していると,類似性は1.0になります。一卵性双生児間で類似性が高く,二卵性双生児間で類似性が低い特徴は,遺伝の影響が大きいと考えられます。一方,一卵性双生児間でも類似性が低い特徴は,遺伝の影響は小さく,環境の影響を受けやすいと考えられます。このように,心理的,行動的特徴に対する遺伝,環境の影響の強さは,単変量遺伝分析(p.61)などによって数値で表現されます。

---

*　双子を妊娠する確率は,全妊娠中の約1%とされています。日本では1990年代半ばまで,一卵性双生児が二卵性双生児よりも高い確率で生まれていました。近年では,不妊治療が普及したことから,二卵性双生児を妊娠する確率が高くなっています。

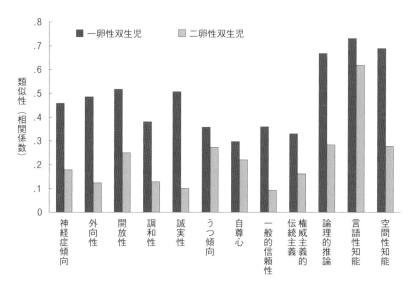

図 6-1　双生児のパーソナリティや知能の類似性（安藤, 2009 に基づいて作成）

（太幡）

共有環境と非共有環境

　パーソナリティなどの心理的，行動的特徴の形成を考えるにあたって，個人が親から受け継いだ遺伝子による，遺伝の要因の影響を考えるだけでは不十分です。生まれてから個人が経験した，環境の要因の影響も考える必要があります。

　双生児研究を代表とする行動遺伝学（p.58）では，環境の要因を2種類に分けて考えます。1つは，双子が共有している環境（**共有環境**）の要因です。共有環境は，主に家庭内の環境です。例えば，双子が，同じ家庭環境で育って同じものを食べたり同じ生活パターンで生活したりすること，親が同じように接することなどが挙げられます。共有環境は，双子の類似度を高めるように働きやすい要因といえるでしょう。

　もう1つは，個人に特有で双子が共有していない環境（**非共有環境**）の要因です。非共有環境は，主に家庭外の環境です。例えば，双子が，学校のクラスが違うために異なる経験をすること，友人が違うことなどが挙げられます。非共有環境は，双子の類似度を低めるように働きやすい要因といえるでしょう。

　行動遺伝学では，心理的，行動的特徴に対する遺伝，共有環境，非共有環境の3つの要因の影響の強さについて，単変量遺伝分析（p.61）などによって検討されています。そして，心理的，行動的特徴ごとに，遺伝，共有環境，非共有環境の影響の強さが異なることが示されています。

　なお，双生児研究では，一卵性双生児と二卵性双生児が育てられた共有環境には質的な差がないと仮定されています。この仮定は等環境仮説と呼ばれます。これまでの研究では，等環境仮説がおおむね妥当であることが示されています（安藤, 2014）。

（太幡）

単変量遺伝分析

　行動遺伝学（p. 58）では，心理的，行動的特徴に対する遺伝，環境の影響を考えるために，遺伝，共有環境，非共有環境の3つの要因の影響の強さを推定します。ここでの影響の強さとは，「対象とする特徴に見られる個人差を，それぞれの要因がどの程度説明できるか」ということです。このうち，遺伝の影響の強さは，遺伝率と呼ばれます。

　遺伝，共有環境，非共有環境の3つの要因の影響の強さを推定する方法の1つに，**単変量遺伝分析**が挙げられます。単変量遺伝分析は，遺伝，共有環境，非共有環境の影響の強さを，1つの心理的，行動的特徴について推定し，数値で表現します（表6-1）。2つ以上の心理的，行動的特徴について同時に推定し，数値で表現する，多変量遺伝分析という分析もあります。実際の研究では，遺伝，共有環境，非共有環境と心理的，行動的特徴の関連をモデルで表現し，それぞれの要因の影響の強さを推定する，構造方程式モデリング（p. 109）という分析手法が用いら

表6-1　単変量遺伝分析の例

（例）あるパーソナリティについて，一卵性双生児の相関が0.5，二卵性双生児の相関が0.3のときの，遺伝（A），共有環境（C），非共有環境（E）の要因の影響の強さを求める

【計算方法】
・一卵性双生児の類似性＝遺伝子を100％共有することの効果＋共有環境で育ったことの効果の合計
　$0.5 = A + C$　①
・二卵性双生児の類似性＝遺伝子を約50％共有することの効果＋共有環境で育ったことの効果の合計
　$0.3 = \underline{0.5}A + C$　②
　↓
　　二卵性双生児の遺伝情報の一致率は，人によって変わりうる遺伝子のうちの約50％なので0.5を掛ける
・一卵性双生児の非類似性（非共有環境の効果）＝完全に類似している場合－類似性
　$\underline{1.0} - 0.5 = E$　③
　↓
　　完全に類似している場合の一致率は1.0

【結果】
・①と②は連立方程式として求めることができます
・計算すると，A＝0.4，C＝0.1，E＝0.5となります。このパーソナリティに対する影響の強さは，遺伝が40％，共有環境が10％，非共有環境が50％となります。

れることが多いです。

　日本における，双生児のパーソナリティや知能の類似性に関する分析結果（Shikishima 他，2006）を図 6-2 に示します。遺伝，環境の影響の強さは，説明率として数値で示されています。数値を見ると，パーソナリティに対する影響の強さは，遺伝が 30 〜 50％，非共有環境が 50 〜 70％，共有環境はほぼ 0％であることがわかります。知能やパーソナリティに対し，「遺伝の影響がある程度の強さで見られる」，「共有環境の影響は弱い」，「非共有環境の影響は強い」ことは，時代や国を超えて見られる結果で，行動遺伝学の三法則と呼ばれています（Turkheimer, 2000）。

　なお，パーソナリティに対する共有環境の影響は弱いという結果は，パーソナリティの形成には，共有環境が不要であることを意味しているわけではありません。親が同じ方法で子育てをしても，親の子育てに対する受け取り方が子どもによって異なるためです。例えば，親が厳しくしつけをしても，親のしつけに従順に従う子どももいれば，反発する子どももいるでしょう。結果的に，共有環境に対する子どもの受け取り方がパーソナリティの形成に異なる影響を与えるため，共有環境の影響が弱くなるのです。

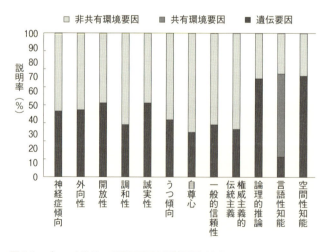

図 6-2　パーソナリティの遺伝要因と環境要因（安藤，2009 に基づいて作成）

（太幡）

7. 遺伝と環境はどういうふうに性格になるの？
〈環境との相互作用〉

ジョージ：人間の性格には遺伝と環境が関わっていることはわかったんですけど，遺伝子も環境もそれが直接，性格になるわけじゃないと思うんですよね。どうやって具体的な個々人の性格になるんですか？

マッドサイエンティスト馬田：遺伝は，生まれたばかりの頃の性質に影響し，その後は，その性質とその人を取り巻く状況によって形作られていくと考えられている。もちろん，環境がどう影響するかにはいろいろな考え方があり，環境や他者からの関わりが大きければ大きいほど影響が強くなる特性もあれば，ある程度あれば十分で，それ以上は影響しない特性もある。

キム：そういうふうに過去の環境と遺伝に基づいて行動の傾向が形成されるんだけど，実際にどのような行動がその場でおこなわれるのかは，再び，その形成された個人の性格と状況との兼ね合いで変わってくるの（<u>相互作用論</u>）。だから，環境や状況は，性格の形成の段階と，実際にその人がその場でどのような行動をとるかという段階で影響しているのね。

ジョージ：なるほど，同じ人でも，状況によって行動は違うし，同じ状況でも，人によって行動は違うもんね。

マッドサイエンティスト馬田：そう。今では，こういう遺伝に由来する性質と環境の関係に基づき，学習がなされて（<u>学習によるパーソナリティの変化</u>），それによって形成された認知や感情，動機づけといったものが，それぞれの環境における行動，つまり性格を形作っていると考えることが多い（<u>認知・感情パーソナリティシステム（CAPS）</u>）。

ジョージ：なるほど。

キム：遺伝の影響を受けて，知覚の鋭敏さや不安の感じやすさといった認知や感情，動機づけに関係する神経基盤が形成されて，ある程度一貫した行動を引き起こしているので，それが性格と呼ばれるのね。

マッドサイエンティスト馬田：そのとおり。だから，ホルモンなどの影響

でその神経基盤の機能に変化が起こったり，神経基盤の機能（シナプスにおける神経伝達物質）に影響する薬を飲んだりすると，いつもと異なる気分や行動が起こるんだ（**パーソナリティの神経基盤**）。

キム：なるほど。女性のなかには生理前に大きな気分の変化を体験する人もいるけど，それは前者の例で，アルコールや薬物で気分が変わったり，精神疾患になったときに薬を飲んだりするのは後者の例ね。

マッドサイエンティスト馬田：そのとおり。ちなみに，この遺伝と環境は，個人と外側の話だが，わしの若いときには，人の内側には，本人すらも意識していない無意識というのがあって，この無意識に抑圧されているものもまた，意識や行動に影響する，つまり性格形成の重要な要素であると考える考え方も主流であった（**精神力動的モデル**）。このように人の心も，安定した1枚岩ではなく，相互に影響する複合的な集合体だと考える考え方は現在でも，形を変えて存在しておる。

ジョージ：へえ。不思議な世界だな。

博士。精神分析できるの？ 僕が考えていることわかる？

もちろん。わかるとも。「黒体放射の分光放射輝度」と「受容体活性化Gタンパク質」の関係を考えていただろう？ 聞いたこともない？ いやいや，意識していないだけでおまえの抑圧された無意識は，「黒体放射の分光放射輝度」に夢中だな。

博士！ からかわないでくれる？！ 今の実験心理学では，精神分析学の「抑圧された無意識」という考えには批判的だけど，臨床心理学では，精神力動的な考え自体は一定の評価がなされているわ。

相互作用論

　行動が人と状況の相互作用によって決まるという考え方は，相互作用論と呼ばれます。レヴィンやキャテル（p. 41）などは，そのモデルを B＝f（P・E）という公式で表しています。B は行動（behavior）です。P は人（person），個人の内的な特徴です。E は環境（environment），状況のことです。行動は人と環境の関数であること，つまり，行動が個人の特性と状況の相互作用で生じるということを意味しています。

　人要因が行動に影響し，状況要因も同様に独立して単純に行動に影響するといった影響の仕方を（機械的）相互作用といいます。例えば，スピーチ場面では，シャイな性格の人ほど緊張し（人要因），また，たくさんの聴衆がいるほど緊張してしまう（環境要因），といった説明がされることになります。

　しかし，人要因や状況要因が行動に独立して単純に影響するというのではなく，心理的状況がどのような働きをするかを重要とする考え方があります。そこでは，人の側がどのように状況を解釈するか，つまり，状況が人にとってどのような意味をもつのかということや，人が状況を積極的に作り出すといったことが重要となっています。たくさんの人がいるとしても，それを脅威に感じるか感じないかは，人によって異なります。人が多いという状況要因が必ずしもそのまま緊張に影響を及ぼすとは限りません。また，シャイな人は，そうでない人と異なり，緊張に至るようなスピーチ場面をそもそも避けるかもしれません。さらに，緊張という結果をもとに，人の側の状況の意味づけがさらに変わっていく場合もあります。状況は人によって意味が異なり，人が状況を作り出している，そして，行動が人や状況に影響を及ぼしていくのです。このような考え方は，従来の相互作用論と対比する形で新相互作用論と呼ばれます（図7-1）。

　新相互作用論の考え方は，表7-1のようにまとめられます（Endler & Magnusson, 1976; 堀毛, 2009）。

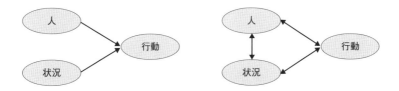

図 7-1　相互作用論（左）と新相互作用論（右）のモデルのイメージ

表7-1　新相互作用論の考え方（Endler & Magnusson, 1976; 堀毛, 2009に基づいて作成）

1) 実際の行動は，個人とその個人が直面している状況との間の連続的で多方向的な相互作用の関数（Aという内容に対してBという結果が生じるといった関係の仕方）となる。
2) 個人はこの相互作用過程に意図的かつ能動的な関わりをもつ。
3) 相互作用を人の側から見れば，感情的な要因も役割をもつが，行動の主たる決定因は認知的な要因である。
4) 相互作用を状況の側から見れば，状況が個人にとってどのような心理学的意味をもつかが重要になる。

（鈴木）

博士。なんでこの間の国際学会の招待講演ドタキャンしちゃったんですか？

うん。それはな，あの日朝起きたら人前に立つ気分ではなかったんだ。

もう，博士ったら！！　だめでしょ。たまには学校に無遅刻無欠席のヒューマノイドAを見習いなさい。

まあまあ。どうしても動けない日もありますよね。

ジョージは甘やかしすぎよ。でもたしかに，私も含めて人って，他の人の性格にその人の行動の原因を帰属させがちなのよね。もしかしたら，私たちが一声かけるとかちょっと環境を整えていれば博士も自然に講演に行くことができたかもしれない。

学習によるパーソナリティの変化

　人に学ぶ能力や機会がなかったら，たとえ20歳になっても，泣いたり，何かをつかんだりといった単純なことしかできないでしょう。あなたが，この本を読んだり，友達と遊んだりできるのは，あなたが多くのことを学習してきたからです。学習というと，勉強と思うかもしれませんが，危険なものを避けることができるようになったり，はみがきができるようになったりするのも，心理学ではすべて**学習**と呼ばれます。

　パーソナリティが想定しているような，さまざまな行動パターンを修得した上で，それぞれなりに行動を選ぶことができるようになるというのも学習です。学習には，レモンを見て唾液が出るような受動的な学習と，イヌが「おすわり」をした際にエサがもらえたので「おすわり」をするようになるといった行為に伴う学習があります。例えば，いつもお風呂屋さんに行くたびにジュースを買ってもらえたのでお風呂が好きになるというのは前者の受動的な学習，「マンマ」というとご飯がもらえたのでお腹がすくと「マンマ」というようになるというのは後者の行為に伴う学習といえるでしょう。

　この学習によって人はその行動のレパートリーを増やすことができます。また，各場面でふさわしい行動も学習しますが，汎化と呼ばれるように，学習した場面・対象に似た場面・対象でも，同様の行動を起こすようになります。例えば，家族のなかで培われたコミュニケーションのスタイルの一部は，友人や学校の先生に対しても使われます。また，自分が直接経験しなくても，テレビや学校の少し上の先輩のおこなった行為と周りの反応や結果を見て，それを自分のなかに取り込むといったことも学習であるでしょう。さらに，人の場合には，このように個々の行動のレベルだけではなく，自分（あるいは人一般）とはどのような存在であるべきか（当為自己）や自分はどのような存在になりたいのか（理想自己）など自己に関する概念も学習します。また，テレビなどを通して，おどけ役やリーダー役などさまざまなスタイルも学びます。このような学習の内容やその強度，結びつきが，行動の個人差の1つの要因になるわけです。

　なお，このような学習は，人から賞賛されることや，注目を浴びること，自由が増すこと，あるべき自分と一致した行動ができること，知的好奇心を満たすことによっても生じます。

〔荒川〕

認知・感情パーソナリティ・システム（CAPS）

グループワークをするときに、知り合いと同じグループだと積極的に発言するが、知り合いが誰もいない場合はほとんど話さない、といったような、個人の行動パターンをそれぞれの人に確認することができます。このような行動パターンは、**if…then… 行動パターン**（p. 29）と呼ばれます。この if…then… パターンの背景にあるプロセスとして、ミシェルは認知・感情パーソナリティ・システム（CAPS: Cognitive-Affective Personality System）というモデルを提唱しています（Mischel & Shoda, 1995）。これは、個人の特徴と状況の関係をダイナミックに説明するモデルです。図をもとに説明していきます。

（if…then… パターンにより生じる）個人の行動は、個人内の認知的・感情的ユニットというものの結びつきの影響を受け、また、その認知的・感情的ユニットは、状況の特徴の固有の影響を受けると考えられています（図 7-2）。

まず、人が直面している状況にはそれぞれ固有の特徴があります。大学の講義で課題が出されたとしましょう。課題の締め切りが１週間後なのか２週間後なのか、内容が難しいのか簡単なのか、成績にとって重要なのかどうなのか、など、いくつもの特徴に分けて考えることができます。

そして、状況の特徴の影響を受けた上で、個人内の認知的・感情的ユニットが活性化し、それが次のユニットを活性化していきます（図 7-3）。なお、認知的・感情的ユニットとは、目標や信念や感情などの個人内の要因のことです。課題が成績に重要である場合は、「単位を落とす恐怖」が活性化し、また、その恐怖が「取り組みに対する動機」を活性化するかもしれません。そして、その動機が、課題をおこなうという行動へと結びつくかもしれません。ただし、締め切りまで時

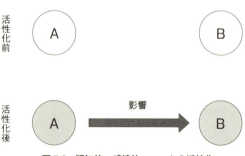

図 7-2　認知的・感情的ユニットの活性化

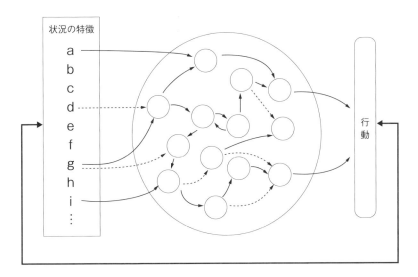

注）真ん中の大きな〇が個人のパーソナリティ・システムを表し，その中にある小さな円が認知的・感情的ユニットを示しています。また，矢印は，実線が活性化をもたらすことを示し，破線が活性化を抑制することを示しています。

図7-3　認知的・感情的パーソナリティ・システム（CAPS）のモデル図
(Mishcel & Shoda, 1995 に基づいて作成)

間が十分にある場合は，「取り組みに対する動機」の活性化を抑制し，課題をおこなうという行動も抑制するかもしれません。これらのユニット間の活性化やその抑制の程度は，個人によって異なるでしょう。

このように，ユニット間の結びつきは，状況と行動を結びつけ，そして，その結びつきのパターンは，個人のなかでは一貫しており，ある人においては特定の状況ではつねに同じような結びつきが生じ，そして，同じような行動が生じる，ということになります。

（鈴木）

パーソナリティの神経基盤

　人の脳には、千数百億個の神経細胞があり、人の心は、主として脳の神経活動によって形成されていると考えられています（図7-4）。皆さんが、何かを見たり、考えたりするのも、さまざまなニューロン（神経細胞）が電気信号を伝達し、次の神経細胞に信号を伝える組み合わせによって引き起こされている事象に過ぎません。ここで信号を伝えるかどうかに大きく関わっているのが、シナプス（神経細胞とつながっている神経細胞の間）における神経伝達物質の化学活動です。脳内の神経伝達物質は信号の伝えやすさに影響するので、これに関する活動に不具合が生じると、本来伝わらないはずの情報が伝わって実際の体験や行動を引き起こします。例えば、ドーパミンという神経伝達物質の過活動によって統合失調症の症状である幻聴などが起こります。逆に、例えば、セロトニンという神経伝達物質などの活動低下によるうつ病やPMS（月経前症候群）のように、行動を引き起こすのが困難になったりすることもあります。ですから精神障害*等で、その人のパーソナリティに病的変化が生じた場合には、これら脳内の神経伝達物質の活動を調整する薬を飲むなどして、その活動を整えるわけです。

　さて、人のパーソナリティには、このような脳全体で機能する神経伝達物質だけではなく、異なる役割を担う脳の各部の機能の個人差も影響します。例えば、いわゆるおでこの後ろにある前頭前皮質と呼ばれる領域は、計画や抑制、判断などに関わると考えられており、この部分が損傷したり、機能不全を起こすと、将来のためにがまんするということが難しくなり、目先の利益に捕われた判断をするようになるといわれています。

　これら神経伝達物質や脳の各部の機能の個人差といった、パーソナリティの生

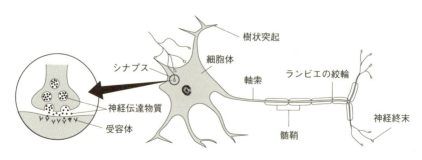

図7-4　ニューロンとシナプス

物学的基盤は、遺伝（p.50）や、出生前後の物理的生化学的なものも含めた環境、その後の個人の発達やストレス等の要因、物理的外傷などによって影響を受けます。これら神経伝達物質に関わる機能や脳の各部の反応の傾向が、個々の状況における刺激に対する人々の反応を決定していると考えることができます。

＊ ストレス等心理的要因や社会的要因、その人の生物学的要因によって生じた脳内の活動の機能不全により、心理的行動的な問題が生じることを指します。

（荒川）

僕らの心がコンピュータに記録されているプログラムにあるように、人間にとって、心＝脳なの？

脳が心にとって非常に重要な器官であるのは確かだけど、脳以外の身体や環境も、心を形成する重要な要素なのよ。例えば、最近では身体化認知といって、身体の状態が心に重要な影響を与えることが知られてきたし、内臓やそこで生活する微生物の活動も心に影響するといわれているの。

精神力動的モデル

医学出身でも，臨床医ではなく，生理学の研究者であったヴント（p. 90）は意識的な側面を実験心理学の対象としていたのに対して，それとほぼ同時代に生きた臨床医であったフロイトは，人の意識されていない側面がその人の言動に大きな影響を与えていると考えていました。フロイトは，図7-5のように，人の心を，海上に浮かぶ氷山のように，意識の部分（水面より上の部分）と無意識の部分（水面より下の部分）の2つからなると考え，後者は，行動や反応を動機づける衝動や欲望（性的なエネルギー，自他に攻撃的なエネルギーも含む）があると想定しました。

さらに，パーソナリティの無意識的な側面をイドと呼び，このイドのエネルギーに基づき，このエネルギーを環境に合わせてイドが満足するようにその現れ方を調整する合理的側面を自我と呼びました。また，子どもの頃のしつけによって内在化した行動の良し悪しの道徳的側面を超自我と呼び，これら，イド，自我，超自我が相互に調整したり，調整がうまくいかなかったりすることでパーソナリティやそれぞれの行動が形成されると考えたのです。

人のパーソナリティを成り立たせているものを，人を矛盾なき装置ではなく，ときには相互に反対方向に働き合う力のような力動的な過程だとする考えは，人の心がどのようなものかを考えるヒントを与えてくれるでしょう。このような自己の多元性は，ユングら多くの精神力動学派の研究者はもちろん，図7-6のよう

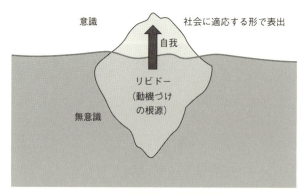

図7-5　心の構造の力動的モデル

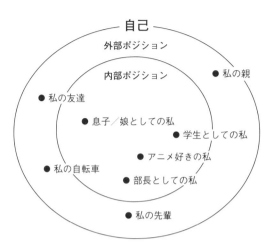

図7-6 ハーマンスの対話的自己 (Hermans & Hermans-Jansen, 2003, p.544 に基づいて作成)

に,自己をさまざまなポジションの対話としてとらえるハーマンスの対話的自己にもつながるといえます。

なお,フロイトの「無意識」は,現代の心理学者が使う「無意識」とは少し違います。現代の心理学者が使う「無意識」は,意識されない情報処理全般を指します。一方,フロイトの理論では,無意識とは,過去の出来事や感情が「抑圧」によって十分な処理をされずに押しやられた領域と考えられています。

残念ながら,フロイトの考えの多くは,科学を標榜する近年の実験心理学の立場からは支持されているとはいえません。しかし今でも一部の説明アイデアは有効で頻繁に用いられますし,そのアイデアは,思想家として,さまざまな臨床的に理解する際の材料として,そして,人のパーソナリティや個々の行動を考える材料として,今も重要でしょう。

(荒川)

8. ヒトの性格って生まれたときから変わらないモノなの？
〈発達〉

（研究所のティータイム，キムとジョージがジョージが持ってきた写真を見て盛り上がっている）

キム：かわいい〜！　これジョージだよね。

ジョージ：うん。5歳のときに，おばさんの結婚式で撮ったんだ。

キム：なんか頭良さそうで，おとなしそうで，今のジョージそのままね。

ジョージ：そうかな。でもこれでも昔はいたずらっ子で，よく叱られてたよ。

ヒューマノイドA：キムは小さい頃どんな子どもだったの？

キム：うーん。私も事故で足が動かなくなる前は，男の子に混ざって木に登ったり，秘密基地を作ったりするのが好きだったわよ。うちのお母さんも別に「女の子らしくしなさい」なんて言わずに，自由にすればいいって言っていたわ。

ヒューマノイドA：ふーん。ヒトの性格って生まれたときから変わらないものなの？　それとも変わっていくの？

キム：生まれてすぐの頃は，環境の影響が少ないから，遺伝によってもたらされた反応性の違いの影響が大きいわ（乳幼児期のパーソナリティ）。でも次第に最初に育ててくれる人との間で愛着が形成されてくる。そして，これが人の性格の形成にとても重要な影響を与えるようになるのよ。

ジョージ：僕は親が離婚したから，母親も忙しくて，でも忙しい時間の合間にときどき思いっきり甘えさせてくれたのを覚えているなぁ。

キム：そうかぁ。親の性格とか環境とかも本当に人それぞれよね。愛着の形成には，そんないろいろなものの影響があるのよ。その後成長していくと，家族だけじゃなく学校の友達や先生とも関係ができてくるし，知的な能力や，自分のことを客観的に見て自分でコントロールする「自己」も育ったりしてきて，それに伴って自分が属する文化の価値観からも影響を受けるの（青年期のパーソナリティ）。こんなふう

にして，自分の今の性格や将来なりたい性格を自分で意識するようになると，性格は，遺伝や環境だけではなく，そのような自己認識によっても変化するのよ（<u>マックアダムスの3層構造</u>）。

ジョージ：ふむふむ，たしかにそうだったな。

ヒューマノイドA：へえ，おもしろいなあ。そういう変化は青年の頃までなの？　大人になったら変わらないの？

キム：会社に勤めるようになったり，その他社会のなかで役割を担ったり，家庭をもったりしても，変化するよ（<u>成人期のパーソナリティ</u>）。また，歳をとって，社会生活から離れたり，認知機能や身体機能が変化しても変化するのよ（<u>老年期のパーソナリティ</u>）。

ヒューマノイドA：博士も歳をとったら性格が丸くなるのかな。

キム：いや，きっと歳をとっても変わらないわよ，博士は！

ジョージ！　また人の仕事，引き受けたのね！　最近，家に帰る時間もないくせに。

ごめんよ。困っている様子だったからさあ。自分でも，この性格は治ればいいなあとは思うんだけどね。

人の性格って，がんばれば変えられたりするの？

うん。性格は変わるものよ。例えば，環境を変えたり，自分の役割を変えたりできれば，性格も変えられると思うわ。ただ，性格は変わらないものだと信じている人は，変わるものだと信じている人よりも変わりにくいといわれているわよ。

乳幼児期のパーソナリティ

　乳幼児期は，生まれてから小学校に入学する頃までを指します。1歳を区切りに，それ以前を乳児期，それ以降を幼児期と分けられます。
　ここに，生まれて間もない赤ちゃんが2人いるとします。Aちゃんは，お腹が空いたりおむつが濡れたりしたら泣きますが，おっぱいを飲んでおむつを換えてもらったらすぐにご機嫌になって，そのあとぐっすり寝ます。一方Bちゃんは，ぐずりだしたらあやしてもなかなか泣き止まず，泣き疲れて寝たと思ったらすぐに目を覚ましてまた泣き出してしまいます。
　このような，生まれて間もない頃から見られる行動の個人差を生み出すものは，**気質**（p. 55）と呼ばれます。トーマスら（Thomas 他，1963）による**ニューヨーク縦断研究**によって，活動水準，周期の規則性，接近・回避，順応性，刺激に対する閾値，反応強度，気分の質，気の散りやすさ，注意の範囲と持続，という9つの気質が提案されました（表8-1）。この研究では，研究に参加した乳幼児の親を対象とした**面接法**（p. 103）による9つの気質の組み合わせから，子どもを「育てやすい子ども」，「扱いにくい子ども」，「出だしに時間がかかる子ども」の3つのタイプに分類しています（表8-2）。どのタイプにも分類されなかった子どもは35%でした。上記のAちゃんは「(a) 育てやすい子ども」，Bちゃんは「(b) 扱いにくい子ども」にそれぞれ該当します。
　子どもの気質は，親が子どもにどのように関わるかによって，その後の傾向が変わることがあります。例えば，「育てやすい子ども」の場合，どのようなしつけのパターンでも素直についていく傾向があります。かといって，親があまり関わらないと子どもは孤立傾向になったり，親が神経質に関わると子どもは神経質傾向になったりする可能性もあります。また，「扱いにくい子ども」の場合，親が我慢強ければ知的好奇心が高い子どもに育つ一方で，親が我慢強くなく罰を与え過ぎると子どもは反抗的になる可能性があります。さらに「出だしに時間がかかる子ども」の場合，自分のペースで環境に適応できるように親が気を配れれば良いですが，それができないと子どもは引っ込み思案になる可能性があります。

表8-1 ニューヨーク縦断研究で提案された9つの気質
(Thomas & Chess, 1977; 原他, 1986 に基づいて作成)

活動水準	子どもの活動に現れる運動のレベル，テンポ，頻度，および活動している時間とじっとしている時間の割合，活発さの頻度
周期の規則性	食事，排泄，睡眠・覚醒などの生理的機能の規則性の程度
接近・回避	初めて出会った刺激—食べ物，玩具，人，場所など—に対する最初の反応の性質 積極的に受け入れるか，それともしり込みするか
順応性	環境が変化したときに，行動を望ましい方向へ修正しやすいかどうか 慣れやすさの程度
刺激に対する閾値	はっきりと見分けられる反応を引き起こすのに必要な刺激の強さ 感受性の程度
反応強度	反応を強くはっきりと現すか，穏やかに現すか
気分の質	うれしそうな，楽しそうな，友好的な行動と，泣きや，つまらなさそうな行動との割合
気の散りやすさ	していることを妨げる環境刺激の効果。外的な刺激によって，していることを妨害されやすいか，どうか
注意の範囲と持続	この2つのカテゴリーは関連している 注意の範囲は，ある特定の活動にたずさわる時間の長さ 持続性は，妨害がはいったときに，それまでしていたことにもどれるか，別の活動に移るか

表8-2 ニューヨーク縦断研究で見られた乳児期の子どもの3タイプ
(Thomas & Chess (1980 林監訳 1981) に基づいて作成)

育てやすい子ども (全体の40%)	生理的リズムが規則的であったり新しい環境に適応的であったり楽しそうにしたりすることが多い
扱いにくい子ども (10%)	生理的リズムが不規則であったり新しい環境に不適応的であったり機嫌が悪かったりすることが多い
出だしに時間がかかる 子ども (15%)	新しい環境に最初は不適応的だが，時間をかけて適応的になっていく傾向がある

(友野)

愛着

　あなたは，赤ちゃんを抱っこさせてもらったときに，激しく泣かれたことはありますか。それまで母親に抱っこされて笑顔を浮かべていた赤ちゃんが，あなたが抱っこした途端に突然ご機嫌ナナメになってしまうことがあるかもしれません。それは，いわゆる，**人見知り**と呼ばれる現象かもしれません。人見知りは，生後6ヶ月頃からはじまることが多いといわれています。

　生後6か月頃から子どもは自分にとって重要な養育者（例えば母親）と他者の区別ができるようになっていきます。ボウルビィ（Bowlby, 1969 黒田他訳 1976）は，子どもと養育者との間につくられる情緒的な絆のことを**愛着**（アタッチメント）と呼びました。そして，泣いたり微笑んだりする発信行動，注視したり後を追ったりする定位行動，抱きついたりしがみついたりする接近行動など，子どもが愛着の対象である養育者に示す行動を愛着行動と呼びました。

　子どもの愛着の個人差を測定する方法として，**ストレンジ・シチュエーション法**（Ainsworth 他, 1978）があります（図8-1）。この方法は，見知らぬ状況で，子どもと養育者および見知らぬ大人との分離，再会を経験させた後の，子どもの養育者への反応を測定します。現在では，子どもの反応には，安定型，回避型，アンビバレント型，無秩序・無方向型の4タイプがあるとされています（表8-3）。

　乳幼児期に形成された愛着関係によって，自分や他者に対する信念である**内的作業モデル**が形成されていきます。そして，どのような内的作業モデルが形成されるかによって，成人期の対人関係が異なってくると考えられています。例えば，成人においては恋人や配偶者が愛着対象となり，乳幼児期に養育者との間で形成された愛着が，内的作業モデルによって成人期に再現されると考えられています（Shaver & Hazan, 1988）。具体的には，養育者との間に安定した内的作業モデルが形成されると，恋人や配偶者との間にも安定した愛着関係が形成されやすくなります。一方，乳幼児期に養育者との間で形成された愛着が不安定なものであったとしても，その後の条件次第では安定した愛着形成が可能であることも示唆されています（Roisman 他, 2002）。

　また，内的作業モデルを「自分は他者から愛される存在かどうか」を表す自己モデルと，「他者は自分のことを愛してくれるかどうか」を表す他者モデルに分け，自他ともに肯定的な安定型，自他ともに否定的な恐れ型，自己モデルのみ肯定的な回避型，他者モデルのみ肯定的なとらわれ型の4つの愛着スタイルに分類した研究（Bartholomew & Horowitz, 1991）もあります（図8-2）。

① 子ども用オモチャ ●■▲

実験者が母子を室内に案内，母親は子どもを抱いて入室。実験者は母親に子どもを降ろす位置を指示して退室。(30秒)

⑤

1回目の母子再会。母親が入室。ストレンジャーは退室。(3分)

②

母親は椅子にすわり，子どもはオモチャで遊んでいる。(3分)

⑥

2回目の母子分離。母親も退室。子どもは一人残される。(3分)

③

ストレンジャーが入室。母親とストレンジャーはそれぞれの椅子にすわる。(3分)

⑦

ストレンジャーが入室。子どもを慰める。(3分)

④

1回目の母子分離。母親は退室。ストレンジャーは遊んでいる子どもにやや近づき，働きかける。(3分)

⑧

2回目の母子再会。母親が入室しストレンジャーは退室。(3分)

図8-1 ストレンジ・シチュエーション法（Ainsworth 他, 1978 に基づいて作成）

表 8-3 子どもの愛着のタイプ

安定型	養育者との分離時に多少混乱を示すが,再会時に養育者に身体接触を積極的に求める
回避型	養育者との分離時に混乱を示さず,再会時に養育者を避ける
アンビバレント型	養育者との分離時に強い混乱を示し,再会時に養育者に身体接触を求めるものの怒りを表出する
無秩序・無方向型	顔を背けて養育者に接近したり,再会時に床に倒れこんだり,見知らぬ大人に親しげに振る舞ったりするなど不可解な行動を示す

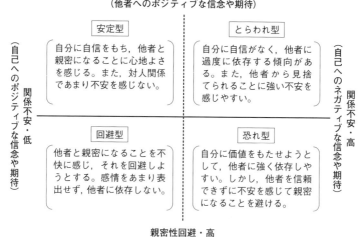

図 8-2 成人期の愛着スタイル (Bartholomew & Horowitz, 1991; 金政, 2013 に基づいて作成)

(友野)

青年期のパーソナリティ

　青年期は，おおよそ中学校に入学する 13 歳頃から成人する 20 歳頃を指します。また，大学進学率の増加や結婚年齢の高齢化などによって，近年では青年期の終わりを 25 歳頃や 30 歳頃と考える立場もあります。
　青年期は「疾風怒濤の時代」（Hall, 1904）と表現されることもあります。青年期は，身長が急激に伸びたり情緒不安定になりやすくなったりするなど，心身ともに量的・質的に大きく変化する時期です。そして，身体はどんどん成熟していくが心がそれについていけなかったり，自分自身に注意・関心が向けられることも多くなったりすることによって，「自分とはいったい何者だろうか」「自分はこの先どのような人生を歩むのか」などと思い悩むことが増えたりします。
　上述のような悩みに関連して，エリクソン（Erikson, 1959 小此木訳編 1973）は**アイデンティティ**（自我同一性）を確立することが，青年期の重要な**発達課題**であると説明しました。アイデンティティは，斉一性と連続性に分けられます。前者は，自分自身が自分以外の他者とは違う存在であるという感覚を指します。一方後者は，過去の自分，現在の自分，そして未来の自分それぞれに対する認識が時間軸に沿って 1 つにつながっている感覚を指します。そして，これらの感覚を自分がもっているだけではなく，自分以外の他者からも認められた場合，アイデンティティが確立されたと考えます。
　マーシャ（Marcia, 1966）は，自分にとって最善の選択肢は何かと悩む「危機」と，職業や宗教などに関する自分の価値観を明確にし，それに基づき行動する「関与」の経験の組合せによって，アイデンティティを 4 つの状態に分類する**アイデンティティ・ステイタス**（自我同一性地位）を提唱しました（図 8-3）。まず，アイデンティティ達成とは，「危機」と「関与」の両者とも経験し，いくつかの可能性について考えたのちに自分なりの回答を見つけ，それに基づいて行動している状態です。**モラトリアム**とは，「危機」も「関与」も現在進行形で経験している最中で，色々迷いながらも努力している状態です。早期完了とは，「関与」のみを経験し，与えられた進路に疑問なく進んでいる状態です。そしてアイデンティティ拡散は，両者とも経験していない場合は自分が何者であるかを想像できない，「危機」のみを経験した場合は自分が何者であるかを積極的に考えようとしない，といった特徴があります。
　なお，青年期に確立されたアイデンティティはそれで完成というわけではなく，**成人期**（p. 85）以降にも再構築されていきます。

82　8. ヒトの性格って生まれたときから変わらないモノなの？〈発達〉

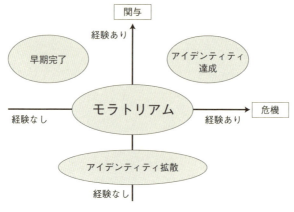

図 8-3　アイデンティティ・ステイタス

(友野)

キムにもアイデンティティの危機の時代はあったの？

あら失礼ね。もちろん，あったわよ。私の場合は2回，1度目は，事故で足を怪我したとき。その頃将来はサッカー選手になると心に決めていたから，足が動かないとわかったとき，自分が空っぽになってしまったと思ったの。2度目は大学に入った後，親に言われるまま勉強して大学に入ったけど，やりたかったのは本当にこれだったのかなって悩んだわ。何をやっても自分の人生を進んでいる気がしなくて…。ジョージは？

僕は中学生の頃，自分の性がよくわからなかったときかな。同性愛者＝女装家だと思っていて，何にもあてはまらない自分は「いけない人間」だと思っていたんだよ。そのうち，同じ悩みを抱える仲間や理解者に出会って，一人ぼっちではないとわかったんだけどね。

マックアダムスの3層構造

「子どもは自分の欲望のままに生きていて気楽でいいなぁ」と思ったことはありませんか。大学生にもなると、いろいろと難しいことを考えてしまいます。自分とは何か、自分には価値がないのではないか、自分はどうあるべきなのか、自分のしている行為はどのような行為であるか、それはあるべき自分の姿と一致するのかしないのかなどと思い悩むかもしれません。

マックアダムスは、パーソナリティは3つの層が徐々に積みあがって形成されるという考えを提唱しました（図8-4）。これによると、私たちのパーソナリティは、「傾性としての特性」といった、より直接的に遺伝的な気質（p. 55）や学習（p. 67）によって行動している層と、それぞれの個人がもつ「目標や価値」をもとに行動している層、そして自分の人生の筆者として、自分が作り出した「人生物語」に基づいて行動している層が積み重なって構成されており、幼いときは1つ目の気質的な層（生まれながらの我慢強さや敏感さ）の影響が強く、続いて2つ目の「目標や価値」に基づく層の影響が増し、青年になった頃から、自己のアイデンティティを考え出し、3つ目の「人生物語」に基づく層の影響が増していくと考えられています。このように複数の層が形成されると、例えば、大きな目標のために、気質的にしてしまいがちな行動を自分で我慢したり（もともとは我慢強くない気質だが自分の目標のために我慢するなど）することができるようになります。とはいえ、ときには余裕がなくて、自分のもっている人生物語とは矛盾する行動をしていたりすることもあるでしょう。

人生物語を含め物語というのは独特の構造をもったものです。それぞれの人が

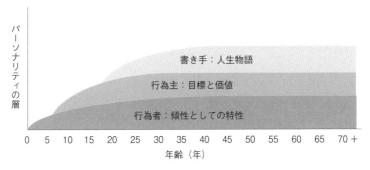

図8-4　パーソナリティの3層構造（McAdams, 2015をもとにして作成）

もつ物語は出来事に基づくその人その人の解釈ですので，他者から見た物語とは異なるかもしれません。全く同じ出来事を体験していても，ある人は困難に打ち勝った成功物語として解釈するかもしれませんし，別の人は努力がすべて無駄になった破滅物語として解釈するかもしれません。なぜなら，物語とはすなわち，出来事と出来事を結びつけたり，意味づけたりすることですが，その結び付け方は文化的な影響を受けつつ，かなり自由だからです。例えば，病気が治ったのはお守りが守ってくれたからだという物語を作ることができますし，単なる偶然や医師の投薬治療があったことに帰属することもできます。しかし，たとえ，それが他者から見た物語と一致しようとしまいと，ある種の一貫性が求められるというのも，物語の重要な特徴です。

（荒川）

ヒューマノイドA，どうしたの。ため息ついて。

あー，僕はみんなが期待するような，完全な人間のように振る舞えるロボットにはなれないよと…。

ヒューマノイドAは，十分人間らしいと思うけどね。人は，それぞれ現実の自己像（現実自己），理想の自己像（理想自己），そしてこうあるべきだと思う自己像（当為自己）をもっているけど，同時に他者が自分に対して抱いているそれらの自己像も意識してしまうの。これらが一致していればいいけど，例えば，家族が「私にこうあってほしい」と思っているらしいことに現実の自分が応えられていないと負担に感じるわ。でも自分の理想自己と現実自己が違うからこそがんばれたりもするんだよ。

そっかぁ。こういうふうに悩むのは僕だけじゃないんだね。

成人期のパーソナリティ

成人期は，青年期の次の段階であり，25歳頃や30歳頃から65歳頃までと想定されています。また，成人期の前半を**成人前期**，後半を**中年期**と細分化してとらえることもあります。

また，従来パーソナリティは，乳幼児期（p. 76）から青年期頃まで発達し，成人期以降は安定して変わらないものと考えられてきました。そのため，成人期のパーソナリティに関する研究は相対的にあまりおこなわれてきませんでした。しかし，近年，パーソナリティの変化が「集団の平均水準の変化」として定義され，ある特定の年代におけるパーソナリティの特徴が他の年代と比べて相対的に高いか低いか検討することで，パーソナリティが人生の長い経路を通して変わる余地があることが示されています（河野, 2012）。このような考え方をもとにして，ロバーツ他（Roberts 他, 2006）は，**ビッグファイブ**（p. 44）の発達的変化を，いろいろな分析をまとめた手法を用いて検討しました。その結果，成人前期（この研究では，20歳から40歳まで）では他の年代に比べて外向性（p. 44）の下位尺度の1つである社会的支配性，誠実性（p. 44）が高くなり，神経症傾向（p. 44）が低くなることをそれぞれ見いだしています。

一方，中年期に入ると，体力の危機（体力の減退や生活習慣病の出現など），人間関係の危機（親類や知人などの死による対人関係の構造の変化など），思考の危機（柔軟性の低下，自分の考えへの固執など）に直面することになります（瀧本, 2013）。これらの危機は，中年期危機（**ミッドライフクライシス**）と呼ばれます。成人期は家族や社会における役割，生活習慣，または価値観などを作り替えたり維持したり交互に繰り返しながら進んでいくと考えられています（Levinson, 1978 南訳 1992）。青年期に確立された**アイデンティティ**（p. 81）は，成人期に入ってからも新たに再構築されていくことになります。その流れのなかで，一般的に中年期の始まりと考えられる40歳から45歳頃にかけては「人生半ばの過渡期」であり，中年の約80%がミッドライフクライシスを経験すると考えられています（Levinson, 1978 南訳 1992）。その後の人生を積極的で創造的なものにできるかは，ミッドライフクライシスをどのように受け止め，いかに問題を乗り越えていくか次第でしょう。

（友野）

老年期のパーソナリティ

老年期は，近年，おおよそ 65 歳以上を指すようになってきています。また，平均寿命の延びに伴って，一般的に 65 歳～ 74 歳を**前期高齢期**，75 歳以上を**後期高齢期**と分けてとらえることもあります。さらに 85 歳以上を**超高齢期**ととらえることもあるなど，老年期をひとまとめにせず細分化する考え方が定着しつつあります（下仲，2012）。

パーソナリティは，老年期にはどのような変化があるのでしょうか。老年期には内向性が高くなることが，いくつかの研究で示されています（Field & Millsap, 1991; Schaie & Parham, 1976 など）。また，**ビッグファイブ**（p. 44）については中年期に比べて老年期（この研究では，60 歳から 70 歳にかけて）の方が誠実性（p. 44）が高くなり，開放性（p. 45）と社会的活力（外向性（p. 44）の一側面）が低くなることがそれぞれ見いだされています（Roberts 他，2006）。さらに，不完全な文章を完成させてパーソナリティを測定する方法である**文章完成法**（p. 106）を用いて老年期以降のパーソナリティ変化を検討した下仲・中里（1999）の研究では，加齢に伴って家庭に対する肯定的なイメージと過去の自己に対する肯定的な評価が高くなる一方で，対人交流に関する肯定的イメージと将来の自己に対する肯定的な評価がそれぞれ低くなることが示されています。

また，一部の人は，**老年期超越**（Tornstam, 1989; 2005）という状態になるといわれています。老年期超越に到達した高齢者は，「社会関係の側面」「自己に関する側面」「宇宙的意識に関する側面」の 3 側面で，次のような変化が生じると考えられています（Tornstam, 2005）。「社会関係の側面」では表面的なつながりから離れ自分ひとりの世界を重視するようになり，「自己に関する側面」では自己への関心が薄れ利己的な欲求を満たすことに興味がなくなり，最後に「宇宙的意識に関する側面」では宇宙的現象（時間や空間，生死の区別，死の恐怖などがなくなり，宇宙との一体感や神秘性などを実感すること）とのつながりを感じるようになっていくと考えられています（蔡，2017）。

（友野）

9. 目に見えない性格ってどうやって測るの？
　〈パーソナリティ心理学の歴史2〉

ヒューマノイドA：キム，キムは大学で心理学を学んだんだよね？

キム：そうだけど。なんで？

ヒューマノイドA：前に博士から行動遺伝学という話を聞いたじゃない。そのときに，性格とか頭の良さを測るって言ってたけど，性格も頭の良さも目には見えないよね？　そういう目に見えないものってどうやって測るの？

キム：そうね。心理学者は昔からずっと，心をどうとらえたらいいのか苦労してきたわ。ところで心理学の始まりはいつだか知っている？

ヒューマノイドA：知らない。

キム：1879年にドイツのヴィルヘルム・ヴントが心理学実験室を作ったのが最初と言われているの。

ヒューマノイドA：でもどうして実験室を作ったのが心理学の最初なの？

キム：そうね。昔から心について考える人はいくらでもいたわ。なぜ実験室が心理学の最初だとされているのかを理解するには当時の時代背景を考えることが必要なの。1つは当時測定における個人差が問題になっていたの（**個人方程式**）。もう1つに錯覚という現象が示すように客観的な世界を心は正確にとらえていないのではないかという意見がでてきたの。となるとどんな偉い人が心について考えたって，その人の心の錯覚に基づいて考えていたのであれば，心について確かなことはわからない。そこで，漫然と心について考えるのではなく，実験という方法で人に与える刺激を変化させてそれに対する反応の変化を観察して，客観的に心をとらえようとしたの（**ヴントの心理学**）。これが心理学の始まり。

ヒューマノイドA：なるほど。それで，心について実験する実験室を作るというのが重要だったんだ。

キム：ちなみに，最初は実験者自身が被験者となって刺激による自分の心の変化を観察してデータをとるということもしていて今でも一部の研

究ではそうなのだけれども，人間って，自分の信じているものしかなかなか見えないし，都合のいいように物事を歪めて見てしまいがちだということがわかってきたの。そこで，そういう歪みをなくすために，人の代表として実験者本人が直接自分の心を観察するのではなく，その研究テーマに思い込みのない他者を対象にして，さらに他者の行動の測定データから間接的に測定したいものを推定しようとしたの。例えば，知能測定では，知能に関わると考えられるさまざまな問題を，難易度の低いものから高いものまでならべて，そのうちどれくらい解けるかで知能を測るのね（**知能の測定**）。例えば，今から私が数字を言うから，博士，私が言い終わったら，同じように言ってみて。2，8，5，9，3，0

マッドサイエンティスト馬田：2，8，5，9，3，0
キム：4，7，3，9，3，7，8，0，2，6，1。
マッドサイエンティスト馬田：4，7，3，9，3，8，あー，わからん！！！
キム：そうそう。そういう感じ。これは1つの例だけど，こうすると，その人がどれくらい数字を一時的に覚えることができるかが測れるのね。
ヒューマノイドA：ふむふむ…。
ジョージ：なるほど，でも，こういうのって，人によって違ったり，そのときそのときによって違ったりすると思うんだけど。
キム：そうね。だから，人一般について知りたいときには，さまざまな人の反応を平均することで個人差を打ち消しあったり，ある個人について知りたいときには，類似した質問を何度かしてそれを平均して一回一回の誤差を打ち消しあったりする。
ジョージ：なるほど。でも，そこでいう知能ってなんなんだろう？ 僕は日本のお笑い番組が好きでよく見るけど，番組に出てくる芸人さんのなかには学校では落ちこぼれだったっていう人もいるけど本当に頭がいいなぁと思うよ。
キム：ジョージの言うとおり。人の能力は，場面にも密接に結びついたものなので，どの場面でどういうことができることを能力として評価するかは考え続けないといけないのね。

個人方程式

　図9-1は，2人の目の網膜における赤，緑，青の波長に反応する3種の受容体（光刺激を神経信号に変換する細胞）の分布を模式的に示したものです。3種の細胞の比率がずいぶん違います。このように，もっている細胞が違うため，同じものを見ていても，われわれに見えている世界はかなり違ったものなのかもしれません。

　しかし，われわれは，他者が自分の期待から外れた判断をしたとき，それを他者の意志や怠慢のせいだと考える傾向があります。1795年，イギリスのグリニッジ天文台の天文台長だったネヴィル・マスケリンもその1人です。彼は，ある星がある位置を通る時刻を正確に記録させるためにデヴィット・キネブロックという人を雇いましたが，デヴィットが測ると，ネヴィルが測定するよりもいつも0.5秒だけずれるのです。結局ネヴィルはデヴィットを解雇しました。

　しかし，このときの測定記録に関心をもったベッセルは，この記録を調べるなかで，いかに合理的な人がまじめに取り組んだとしても，単純な反応においてさえ，反応の個人差が存在することに気づいたのです。そこでベッセルが考えたのが，個人方程式と呼ばれる個人差を説明する式です。

　測定者Aの測定値－測定者Bの測定値＝誤差

　この個人差の発見は，科学全般と心理学の両方に影響を与えました。科学においては，観察をおこなう際には，どれほど有能な人もこのような個人差の影響を受けること，そのため，観察をおこなう際にはこのような個人差を考慮することが必要だと考えられるようになりました。また，心理学においては，パーソナリティの個人差の背景にある生物学的な個人差を再確認するきっかけになりました。

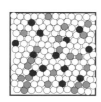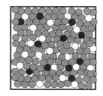

図9-1　網膜における3種の光の受容体の分布のイメージ（Snowden 他, 2012をもとに作成）
　　　注）黒色は青の受容体，白色は緑の受容体，灰色は赤の受容体です。

（荒川）

ヴントの心理学

　ヴントは，1879年にライプツィヒ大学に世界で最初の研究用の心理学実験室を創設した人物であり，これをもって心理学が成立したとされています。ヴントは，心を検討する方法に，化学や生理学で使われていた，要素に分解して実験する（実験の参加者に与える刺激を系統的に変化させてそれによる参加者の内観，すなわち感覚などの意識の変化を検討する）という方法論を持ち込んで，大学という機関のなかで制度化し，多くの弟子を作りました。心を理解する方法として実験という方法を用いるというのは，ヴントが1人で考え出したわけではなく，多くの同時代人や先人の貢献がありましたが，この頃以降，心を探求するために実験という方法を用いることが流行しました。ヴント自身は，民族心理学という心の普遍的機能を調べる領域においては，実験ではなく他民族や子どもの記録の収集や観察といった方法も用いていましたが，こちらの方法はそれほど広くは普及せず，心理学の教科書や大学での授業の多くは，個々の実験をカタログ形式で紹介するスタイルになりました。

　ここで考えてほしいことがあります。私たちが心理学というとき，当然「心」というものを想定しています。しかし，「心」とは何でしょうか。以下のものを考えてみてください。

・寝ているときに意識なく寝返りをうつのは「心」の働きでしょうか？
・レモンをみると唾液が出るのは「心」の働きでしょうか？
・ある刺激が意識に昇らないくらい一瞬だけ呈示されたとき，見たことには気づかなくても脳の活動に変化が生じることがありますが，これは「心」の変化でしょうか？

　ヴントが実験心理学で対象とした心とは，意識とイコールのものでした。ですから，おそらくここに挙げられている内容はすべて，ヴントにとっては心ではありません。これらが心の範囲に入ると考えられるようになるのはもう少し後のことです。そして彼は，意識というものを，当時の化学がそう考えたように要素に分解できるものだと考えていました。ですから，ヴントの実験は，対象に対する意識を分解するように組まれています。例えば，ヴントは，すべての感情は快−不快，興奮−鎮静，緊張−弛緩に分解されるとしています。このように，心をどのようなものと考えるかは，研究方法の決定や，その研究方法を適用して研究する

ことでもたらされる結論に大きな影響を与えます。例えば，フロイトのように心の無意識的側面に着目したいときには，ヴントの方法ではうまく測れないのです。では，ヴントやフロイトがおいた前提（「心とは……というものである」）は心のすべてをとらえるのに十分か，これは今でも続く問題です。

　ちなみに，ヴント自身もパーソナリティについて考えていました。ヴントは，まずもともともって生まれた素質を「知的素質」と「情意的素質」に分けてとらえ，感情や意思の固定的な傾向である「情意的素質」のなかに，感情的な側面である気質と，意思的な側面である性格があると考え，性格は気質に下支えされていると考えていました。パーソナリティは，個人がもつ個々の要素（例えば感覚，知覚，記憶，情動，認知）の集合体と考えていたのです（Wundt, 1897）。

　　　　　　　　　　　　　　　　　　　　　　　　　　　　　　（荒川）

知能の測定

相対性理論を提唱して現在の物理学の基礎を築いたアインシュタインには，人並み外れた知的能力を示したという数々の逸話が残されています。一方，彼は単純な計算が苦手だったようです。彼は，「頭のよい」人だったのでしょうか。

心理学では，「頭の良さ」に関係する，物事を処理する能力を**知能**と呼びます。例えば，問題場面に遭遇したときに解決する能力，言語を操る能力，周囲の環境に能動的に働きかける能力などが知能といえるでしょう。

アインシュタインの例から，「頭の良さ」は1つの物差しだけで表現できるものではないと考えられます。心理学では，知能にはいくつかの因子（p.108）があると考えられています。知能のとらえ方に関しては，いくつかの説が提唱されています。知能の2因子説（図9-2の（a））は，知能は，全般的な能力に関する一般知能因子（g）と，個々の科目の得意，不得意に関する特殊知能因子（s）で構成されるという考え方です。一方，知能の多因子説（図9-2の（b））は，知能はいくつかの特殊因子（s）で構成され，特殊因子の共通要素からいくつかの一般因子（c）が見いだされるという考え方です。

知能を客観的に測定する道具は，**知能検査**と呼ばれます。20世紀初頭に，フランス人のビネーが，普通のカリキュラムでは十分な教育を受けられない児童を支援するため，世界で初めて開発しました。ビネーの開発した知能検査では，標準的な発達段階に応じた検査問題（特定の年齢の児童の50％から75％が正しく答えられる問題）で，対象となる児童が正解すれば，その児童はその年齢の発達水準に達していると判断します。検査結果は，100を標準として同じ年齢のなかでの

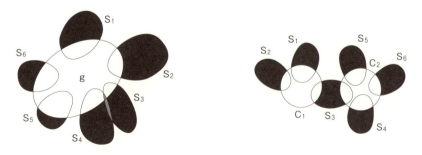

(a) 2因子説 　　　　　　　　　　　　(b) 多因子説

図9-2　知能の2因子説と多因子説（太幡, 2015に基づいて作成）

対象者の位置を示す，知能指数（IQ: Intelligence Quotient）で示されます。知能指数は以下の式で計算されます。例えば，5歳児が，6歳児の検査問題に正解すれば，知能指数は 120 です。

$$IQ = \frac{精神年齢（検査問題として想定されている年齢）}{生活年齢（誕生からの満年齢）} \times 100$$

その後，アメリカ人のウェクスラーが，16歳以上の知能を測定するため，WAIS（Wechsler Adult Intelligence Scale）と呼ばれる知能検査を開発しました。WAIS の検査問題には，言語を用いて答える言語性検査と，言語を用いずに図形を操作する動作性検査があります。それぞれ，言語性知能，動作性知能を測定する検査で，いくつかの下位検査で構成されています。例として，WAIS-Ⅲ の下位検査の課題を示します（表 9-1）。検査結果は，100 を標準として同じ年齢のなかでの対象者の位置を示す，偏差知能指数（偏差 IQ）で示されます。偏差知能指数は以下の式で計算されます。対象者の生活年齢の人たちの平均点や標準偏差（p. 10）を考慮して知能指数を求めます。

$$偏差 IQ = \frac{15 \times （対象者の得点 - 対象者の生活年齢での平均点）}{対象者の生活年齢での得点の標準偏差} + 100$$

知能検査では知能を多面的に測定しているものの，測定できない知能がある点には留意する必要があります。例えば，知能検査では，1 つのみの正解に至るために物事を論理的に推論する集中的思考能力を測定しており，新しいことを創造する拡散的思考能力は測定できません。

9. 目に見えない性格ってどうやって測るの？〈パーソナリティ心理学の歴史 2〉

表 9-1　WAIS-Ⅲ の下位検査の課題（太幡，2015 に基づいて作成）

順番	検査名	検査内容
言語性検査		
2	単語	単語を見せられ，口頭で伝えられる。その単語の意味を答える。
4	類似	共通点または共通する概念をもつ 2 つの言葉を口頭で聞かされる。その 2 つがどのように似ているかを答える。
6	算数	口頭で伝えられた算数の文章問題で，筆記用具を使わずに暗算で，制限時間内に口頭で答える。
8	数唱	読み上げられた数字を繰り返す。順唱と逆唱があり，順唱では読まれた順番と同じ順番で，逆唱では逆の順番で数字を繰り返す。
9	知識	重要な出来事，もの，場所，人に関する，一般的な知識に関する質問に対して口頭で回答する。
11	理解	日常的問題の解決や社会的なルールの理解に関する一連の質問に対して，口頭で答える。
13	語音整列	読み上げられた数字とかなの組み合わせを聞き，数は小さいものから大きいものの順番に，かなは五十音順に並べ替えて答える。数字の問題（第 1 ブロック），次にかなの問題（第 2 ブロック）をおこない，最後に数字とかなの両方の並べ替え問題（第 3 ブロック）をおこなう。
動作性検査		
1	絵画完成	絵を見て，その絵の中で欠けている重要な部分を指差か言葉で答える。
3	符号	数字と対になった記号を書き写す。モデルを手がかりに，各数字に対応する記号を書く。
5	積木模様	2 面が赤，2 面が白，2 面が赤／白になっている立方体の積木を使って，モデルとなる模様と同じ模様を作る。模様は徐々に複雑になっていく。
7	行列推理	一部分が空欄になっている図形を見て，選択肢から空欄に当てはまるものを指差か番号を言って答える。
10	絵画配列	物語になっている 11 組の絵カードが決められた順番で提示される。制限時間内に話の順になるように並べる。
12	記号探し	見本刺激（2 つの記号）と記号グループ（5 つの記号）を見比べ，記号グループの中に見本記号と同じ記号があるかを判断する。制限時間内にできるだけ多くの問題に答える。

注）言語性 IQ，動作性 IQ，全検査 IQ の 3 つに加え，「言語理解（2, 4, 9）」，「知覚統合（1, 5, 7）」，「作業記憶（ワーキングメモリ）（6, 8, 13）」，「処理速度（3, 12）」の 4 つの IQ を測定できます。なお，動作性検査の代替検査として「組合せ」があります。

（太幡）

10. 性格も数字をどれくらい覚えられるかで測るの？
〈研究法〉

(ある日の夕方，ヒューマノイドAがインターネットで性格診断をしている)
ヒューマノイドA：ねえねえ，これ見て，「あなたの本当の性格がわかります」だって。僕は，「本当は心に秘めているものがあるけど表には出せないパンダタイプ」だって。あたってるかも〜。
ジョージ：あ，僕は，「本当は他の人とたくさん話したいけど，内気で話し出せないトカゲタイプ」だって，たしかにそうかも。
ヒューマノイドA：ねえねえ，キムもやりなよ。
キム：私はいいわ。
ヒューマノイドA：なんで？
キム：そういうのっていい加減なのが多いから振り回されたくないのよね。
ヒューマノイドA：そうかな。だってこれすごい人気だよ。きっと有名な心理学者が作ったんだよ。
キム：それはどうかしら。ネット上にはたしかに心理学者が作った心理検査もあるけど，たいていは，心理学の正式なトレーニングを受けていない放送作家とか，いわゆるネタ作りの人が作っているそうよ。
ヒューマノイドA：え，そうなの？？
キム：まあ，そういうものの方が的を射ているときもあるかもしれないし，心理学者が作った心理検査がその人をうまくとらえられないこともももちろんあるけど，心理学者が心理検査を作るときには，それが本当に測りたいものをある程度の人に安定的に測れているのか，その**妥当性**と**信頼性**を確認する必要があるの。でも，そうでない人が作っている場合は，そういう確認はせず，どちらかというと面白いことが優先されることが多いでしょうね。
ジョージ：じゃあ，そういう変な診断とか検査はやらない方がいいのかな。
キム：うーん，私はそこまで厳しくは考えていないわ。何のために心理検査を使うかによるけど，自分自身で自分を理解するために使うなら，ちょっと外れた側面が見える方がいいときもあると思うのよね。自分

にもそういう側面があることに気づけることだってあるし……。もちろん，それに振り回されるのもどうかとは思うけどね。

ジョージ：なるほどね。そういえば前に，知能の測り方を聞いたけど，性格はどう測るの？

キム：さっきいった構成概念を心理学では行動をもとに測定するんだけど，ここでいう行動にはいろんなレベルの行動を含んでいるの。例えば，文字通り，人が普通に過ごしている様子をみて，その行動を分析することもあれば（**観察法**），何か刺激を与えられてそれに対する反応の時間や反応の仕方を行動として分析することや（**実験法**），直接対面して質問してそれに対する答えやそのときの様子を行動と考えて分析することもあるし（**面接法**），他にも，紙に書かれた質問に対する回答を，「回答するという行動」ととらえて分析することもあるの（**質問紙法**）。

ジョージ：あ，僕，奇妙な模様を見せられて，何が見えるかって検査を受けたことがあるよ。

キム：それは**投影法**の１種ね。検査の場合は，結果そのものをその人の状態を知るために利用するけれども，研究の場合には，それらの結果は統計的に処理されることが多いのよ（**パーソナリティ心理学で使う統計手法３**）。このように，心理学にはさまざまな研究法や検査法があって，新しい心の見え方が生まれるのはとても面白いわ。でも，研究に夢中になっているとついつい研究のために社会があるように見えてしまうこともある。研究者は研究のために社会があるのではなく，社会のために研究があるという視点を常にもっていることが必要なのよ（**研究倫理**）。

マッドサイエンティスト馬田：ううっ。急に胸が……。

キム：でも，私はすべての研究がすぐに役立つものでなければならないと考えるのには反対よ。人工知能の研究なんて，昔はお金と時間の無駄遣いと考えられていたのに，その研究があったからこそ，今の発展があるんだから。

ヒューマノイドＡ：そーだ，そーだ！

妥当性

　最近少し背が伸びたと感じているA君が，身長を測るために体重計に乗りました。一方，最近少し太ったと感じているB君が，体重を測るために身長計に乗りました。果たして，A君は体重計で身長を測ることができ，B君は身長計で体重を測ることができるでしょうか。できませんよね。このように，測定に用いた道具は測定したいものを正しく測定できる必要があります。その道具が測定したいものを測っているかどうかを評価する概念が，**妥当性**です。

　パーソナリティは，目に見えないため，測ろうとしているものが測れているかを知るのはなかなか難しいことです。そこで，心理学では，**内容的妥当性**，**基準関連妥当性**，**構成概念妥当性**などといった側面から妥当性を検証します（表10-1）。

　内容的妥当性は，その尺度の項目が，測ろうとしている構成概念の内容を偏りなく反映している程度を表すものです。例えば，心理学でいう**外向性**（p.44）には人付き合いが好きという特徴だけでなく，行動力に関する特徴などいくつかの側面が含まれています。もし外向性を測定する尺度を作った場合，人付き合いが好きかどうかに関する項目だけしか測定できていないならば，その尺度の内容的

表10-1　妥当性の種類

		妥当性が低い場合	妥当性が高い場合
妥当性	内容的妥当性	外向性の特徴の一部しか項目の内容に含まれていない (例：人付き合いが好きかどうかに関する項目のみ)	外向性の特徴の全体がまんべんなく項目の内容に含まれている (例：人付き合いが好きかどうか，行動的かどうか，刺激を求めるかどうか)
	基準関連妥当性　予測的妥当性	外向性尺度と実際の行動の相関が低い (例：外向性尺度の得点が高い人が，必ずしも多くの人が集まるパーティーの参加回数が多いわけではない)	外向性尺度と実際の行動の相関が高い (例：外向性尺度の得点が高い人は，多くの人が集まるパーティーの参加回数が多い)
	基準関連妥当性　併存的妥当性	複数の外向性尺度の相関が低い (例：新しい外向性尺度と既存の外向性尺度の相関が低い)	複数の外向性尺度の相関が高い (例：新しい外向性尺度と既存の外向性尺度の相関が高い)
	構成概念妥当性	外向性尺度と理論的に予測されるほかの構成概念との相関が低い (例：外向性尺度の得点が高い人が，必ずしも対人スキル尺度得点が高いわけではない)	外向性尺度と理論的に予測されるほかの構成概念との相関が高い (例：外向性尺度の得点が高い人は，対人スキル尺度得点も高い)

妥当性は低いといえます。測りたい構成概念の内容を測ることができ，かつできるだけ余計なもの（外向性と関係ないもの）が入らないように項目群を作り，それらの項目群で測りたい構成概念がきちんと測ることができている程度のことを，内容的妥当性と呼びます。

基準関連妥当性は，外的基準との関連についての指標です。基準関連妥当性には，**予測的妥当性**と**併存的妥当性**という2種類があります。予測的妥当性は，ある尺度で測定された結果が，実際の行動をどの程度予測できるかを表すものです。例えば，外向性尺度で得点が高かった人が，その後に開催される多くの人が集まるパーティーに参加する回数が多いと，その尺度は予測的妥当性が高いといえます。一方，併存的妥当性は，ある尺度が同じ構成概念を測定している別の尺度とどの程度一致するかを表すものです。例えば，新しく作られた外向性尺度で，得点が高い人が既存の外向性尺度でも得点が高い場合，新しい外向性尺度の併存的妥当性は高いといえます。

構成概念妥当性は，その尺度で測られる内容が，理論的に予測されるほかの構成概念とどの程度関連しているかを表すもの，と考えられています。例えば，外向性が高い人は，対人関係を円滑に進める能力（対人スキル）をもっているという仮説を立てたとしましょう。そして，外向性尺度の得点が高い人は，対人スキル尺度得点も高いという関係が見られた場合，その尺度の構成概念妥当性は高いと考えられます。

古典的な考え方では，これまで述べてきたように妥当性はいくつかの種類に分類されると考えられています。一方，昨今では妥当性をより包括的な1つの統合された概念としてとらえる考え方もあります（平井, 2006）。

〈友野〉

信頼性

　普段の体重が約60kgのA君が体重計に乗ったところ，70kgと表示されました。自分はもう少し軽いと思っていたので，もう一度その体重計に乗ってみたら，今度は30kgと表示されました。おかしいと思って次の日に改めてその体重計に乗ってみると，そのときは50kgと表示されました。体重は1日でそんなに変化があるはずはないので，この体重計は体重を正しく測れていないと思われます。このように何かを測定するとき，その対象を安定的に測れているかを検討する概念が，**信頼性**です。

　信頼性は，測定したい概念の影響以外に測定するときの本人の状態や環境の状況などの偶然入り込む他の邪魔者（誤差）の影響でパーソナリティ尺度の得点が変わってしまう誤差の度合いの小ささを表すものです。信頼性の評価には，同じ尺度を同じ回答者が繰り返し測定した場合に同じ結果が示されるかを表す**安定性**，同じ概念を測定する尺度同士の関連を表す**等価性**，測定された質問項目の1つひとつが同じ概念を測る方向を向いているかを表す**内的整合性**，という3種類がよく使われます。また，信頼性の高さは，以下に示す再検査法，平行検査法，折半法，クロンバックの**α係数**（以下α係数）などによって推定されます。

　再検査法は，測定対象は短期間で大きくは変化しないという前提のもとで同じ尺度を繰り返し測定し，尺度得点間の相関係数（p. 10）を算出することによって安定性を推定する方法です。例えば，ある外向性尺度で測った外向性得点と，その後時間を空けて（例えば，数週間から数カ月程度）もう1回同じ外向性尺度で測った外向性得点の相関係数が高ければ，外向性はそれほど変わるものではないと想定すると，回答の際に偶然による誤差の影響は小さく，その外向性尺度の信頼性は高いといえます。しかし，相関係数が低ければ，偶然入り込んだ誤差の影響が大きく，その外向性尺度の信頼性は低いといえます。

　一方，等価性を推定する方法として，内容的，形式的に似ている尺度（例えば，外向性尺度のAバージョンとBバージョン）を2つ同時に測り，尺度得点間の相関係数を算出する**平行検査法**があります。さらに内的整合性を推定する方法として，例えば，20項目の外向性尺度の項目を半分に分け，半分ずつ（10項目ずつ）の尺度得点間の相関係数を算出する**折半法**がそれぞれあります。どちらの方法とも，相関係数が高ければ，各項目で測ろうとするものは安定しており，信頼性は高いといえます。

　しかし，現在では平行検査法も折半法もパーソナリティ研究ではほとんど用い

られておらず，折半法を拡張したような方法である，α係数による内的整合性の推定が広く用いられています。折半法は，1回の分析につき1つの基準のみでしか尺度項目を折半することができません。それに対して，α係数は折半が可能であるすべての組み合わせを考慮して内的整合性を推定することが可能です。なお，明確な基準があるわけではないのですが，十分な内的整合性の目安として，一般的にはα係数の値は 0.7〜0.8 程度以上が望ましいと考えられています[*]。しかし，α係数の値は項目数が多くなればなるほど，あるいは同じ内容の項目を集めれば集めるほど，それだけで大きくなってしまうという性質があります。そのため，単純にα係数の値が高ければそれでよいというものでもありません。α係数の値から内的整合性を推定する際には，項目数と項目内容のバランスに注意が必要です。

[*] α係数は 0〜1 の範囲をとり，1 に近づくほど内的整合性が高いことを表しています。

(友野)

観察法

　小学生だった頃に，夏休みの宿題でアサガオの観察日記をつけたことがある人も多いのではないでしょうか。芽が出た，つるが伸びた，花が咲いたなど，その都度アサガオの様子を観察して絵日記帳などに記録していたと思います。

　心理学における**観察法**は，自然な状況や実験的な状況での観察対象の行動を観察，記録，分析して，心のメカニズムを把握する方法です。観察法は，**自然観察法**と**実験的観察法**の２つに大きく分けられます。前者は，人の手を加えず自然に起こる行動のありのままを観察するのに対して，後者は観察したい行動が起こりやすい環境を人の手で整備して観察します。また，観察方法の違いにより，観察者が対象者と直接関わる環境で観察をおこなう**参加観察法**と，観察者は対象者と直接関わらず，ワンウェイミラー*越しに観察したり，対象者の行動を録画した動画を観察したりする**非参加観察法**という分け方もあります。

　観察法には，いくつかの長所があります。まずは，現実の生活場面における自然な行動をとらえることが可能である点です。実験法（p. 102）に基づいた実験室実験では，実験室という人工的な環境での行動が実験室の外でも同じように見られるのかが問題となります。しかし，観察法は現実場面における自然な行動を直接とらえるため，この問題をクリアできます。次に，言語を使わずにデータ収集をおこなうことが可能であるため，さまざまな対象の行動を検討できる点です。例えば，乳児のパーソナリティを研究したい場合，乳児はまだ言葉がわかりませんので，**質問紙法**（p. 104）を用いてパーソナリティに関する心理尺度に回答してもらうことができません**。しかし，観察法は乳児の行動を直接観察しますので，言語を使って質問する必要はありません。

　一方，観察法には次のような短所もあります。まずは，データ収集に時間がかかるという点です。対象となる行動がいつ起こるかがわからない場合，その行動が起こるまで長時間待ち続けなくてはなりません。また，観察対象や結果の解釈に観察者の主観的な視点が入りやすいという点もあります。そのため，複数の観察者が観察するなど，客観性を高めることが大事です。

* 観察者側からは対象者側が見えるが，対象者側からは観察者側が見えない鏡のことです。
** 乳児の保護者や保育園の先生など，対象となる乳児のことをよく知っている人がパーソナリティに関する心理尺度に回答することもありますが，この方法も乳児のパーソナリティを間接的にとらえているにすぎません。

（友野）

実験法

　実験という言葉を聞くと，どのようなことをイメージしますか。白衣を着た科学者が，ビーカーやフラスコに入った薬品を混ぜている様子を思い浮かべる人もいるのではないでしょうか。

　心理学における**実験法**は，**独立変数**（原因となる変数*，例えば，不安の高い状況か低い状況か）を操作することによって，**従属変数**（結果となる変数，例えば，計算問題の正答数）がどのように変化するかを検証する方法です（薬品を混ぜることは，ほぼありません）。心理学実験をおこなう際，個人差は誤差として扱われ，同じ条件では全員が同じ変化の仕方をすると考えます。

　パーソナリティ心理学における実験法では，1つのやり方として，一般的な心理学実験では誤差として無視されてしまう個人差の要因を独立変数に組み込むことがあります。例えば，「**神経症傾向**（p. 44）の高い人は低い人に比べて，計算作業中に不安を煽られなかったときの成績は変わらないが，不安を煽られたときには成績が悪くなる」，という仮説を検証したい場合，実験参加者の神経症傾向の程度を事前に測っておき，その得点の平均値などで得点の高い群と低い群とに群分けしておきます。そして，後日心理学実験室で不安を煽られる条件，もしくは煽られない条件の下で実際に計算作業をやってもらい，それらの成績を比較します。

　実験法には，原因と結果の関係を表す**因果関係**（p. 105）を明らかにすることができるという長所があります。その一方，いくつかの短所もあります。まず，実験で扱える変数の数に制約があり，**質問紙法**（p. 104）で検討できるような変数間の複雑な関連をみることができないという点です。また，高価で複雑な装置を用いるような実験の場合，装置の購入に経済的なコストがかかりますし，操作方法を身につけるために長時間を費やさなくてはなりません。実験の内容にもよりますが，1時間程度の実験で1人の実験参加者からしか測定できず，データを集めるのに何日間も要するようなことさえあるため，データ収集のコストもかかります。さらに，心理学実験室という極めて特殊な環境で得られた結果が，果たして現実生活場面においても同じことがいえるのか，という問題もあります。このような理由もあり，検証したい内容によっては実験室外で実施されることもあります。

＊ 身長や体重，または外向性のように，人や状況によって値が変わるものは，変数と呼ばれます。

（友野）

面接法

　高校受験や大学受験で面接試験を受けたことがある人は，そのときのことを思い出してみましょう。志望動機や今まで頑張ってきたこと，これから頑張りたいことなどを，面接者から質問されたのではないかと思います。心理学では，パーソナリティを測定するために，面接を使うことがあります。

　心理学における**面接法**は，面接者と回答者が対面しながら，言語や非言語行動（しぐさ・表情など）を通してデータを収集する方法で，**調査面接法**と**臨床面接法**の2つに分けられます。前者は，主に研究目的に沿ったデータ収集のため，後者は主にカウンセリング場面で相談者の心の理解のために用いられます。

　調査面接法は，構造化の程度（面接時に尋ねる質問などが事前にどの程度決められているか）によって，**構造化面接**，**半構造化面接**，**非構造化面接**の3つに分けられます。構造化面接は，あらかじめ質問項目が調査票に記されており，内容も順番もあらかじめ決めたとおりに面接をおこなう方法です。一方，半構造化面接はある程度の質問を事前に決めておき，あとは柔軟に面接の流れのなかで内容や順番を調整しながら面接を進めていく方法です。非構造化面接は大枠は決めておくものの，質問を事前に決めず，面接の流れのなかで自由に質問をおこなう方法です。

　構造化面接をパーソナリティ測定に活用した有効例として，タイプA行動パターン（Friedman & Rosenman, 1959）の測定が挙げられます（橋本, 1999）。タイプA行動パターンは，冠状動脈性心臓疾患（心臓の筋肉に十分な血液が供給されないために起こる，心筋梗塞など）にかかりやすいパーソナリティであり，精力的活動性，時間的切迫感，攻撃性などの特徴があります。面接者は，回答者に対してあえて敵意を煽るような，ゆっくりとした口調で質問をします。その際，回答者がイライラしたり，怒ったりするなどの行動を示した場合，その回答者はタイプA行動パターンをもっていると判断されます。

　面接法の長所は，回答の確認や追加質問ができる点です。また，回答者の防衛的な態度を直接観察できる点も長所の1つです。例えば，回答者が言い淀んでいる場合，それもまたその人のパーソナリティの表れと見ることもできます。

　一方，次のような短所もあります。まずは，面接に時間がかかる点です。**質問紙法**（p. 104）とは異なり，一度に多数のデータ収集ができません。また，面接者の主観が入りやすい点です。回答者が同じ回答をしたとしても，面接者によって解釈が変わる可能性があります。

（友野）

質問紙法

　レストランなどで店員からアンケートへの回答をお願いされたことはありますか。店員から配られるアンケート用紙には，「料理の美味しさ」や「メニューの多さ」，「注文してから配膳されるまでのはやさ」などの質問項目が書かれており，それぞれどの程度満足したかなどを回答することが求められたことがあるかもしれません。

　心理学における**質問紙法**は，複数の質問項目が書かれた**質問紙**という道具を用いて，心のはたらきを測定する方法です。パーソナリティ心理学においては，パーソナリティの特徴を表す内容，例えば，「私は多くの人と交流することが好きです」「私は緊張しやすいです」「私は1つのことをコツコツ続けることが得意です」のような複数の質問項目に対して，「あてはまる」「少しあてはまる」「どちらでもない」「ほとんどあてはまらない」「あてはまらない」の5段階などで，自分自身にどの程度あてはまるか考えて回答をします。これらの回答は，「あてはまる（5点）」，「少しあてはまる（4点）」，「どちらでもない（3点）」，「ほとんどあてはまらない（2点）」，「あてはまらない（1点）」，といったようなルールで得点化します。そして，得点化された各項目への回答を統計手法によって分析することで，回答者のパーソナリティの集団での相対的な位置づけや，パーソナリティ間の関連を客観的に明らかにすることが可能となります。

　質問紙法には，パーソナリティを測定するための心理尺度が用いられていることがあります。心理尺度の例を，表10-2に示します。これらの尺度は，パーソナリティの基本的次元を測定したり，パーソナリティを多側面から測定できるものです。

　その他にも，自意識や自尊感情，自己愛傾向など，個別の特性を測定できる尺度も多数開発されています（具体的な尺度の内容は，巻末の「ワーク：心理尺度の体験」をご覧ください）。

　質問紙法の長所は，実施が容易である点です。そのため，卒業論文を含め調査研究に良く用いられます。質問紙法では，同時にたくさんのデータの収集ができます。人数分の質問紙と回答する場所を用意することができれば，10人でも100人でも1,000人でも同時に調査をおこなうことが可能です（現在ではインターネットを介した調査も行われることがあります）。また，**実験法**（p. 102）の一部のように高額で複雑な実験装置を用いるわけではありませんから，比較的容易に調査の実施ができます。さらに，多くの変数を同時に測定することが可能なので，

表 10-2 パーソナリティを測定するための心理尺度の例

名称	特徴
16PF (Cattell, 1957)	キャテルが 16 の因子（p. 41）を測定するために作成
MPI (Eysenck, 1959)	アイゼンクが「内向性 – 外向性」と「神経症傾向 – 安定性」の 2 次元を（p. 42）測定するために作成
NEO-PI-R (Costa & McCrae, 1992)	コスタとマクレーがビッグファイブ（p. 44）を測定するために作成
MMPI (Hathaway & McKinley, 1942)	ハサウェイとマッキンレーがパーソナリティを多面的に測定するために作成
YG 性格検査 (矢田部他, 1965)	ギルフォードらが作成した 3 種類のパーソナリティ検査をもとに，文化や言語の違いを考慮して矢田部らが日本人向けに作成

それらの間の関係を分析することが可能です。

しかし，質問紙法にはさまざまな短所もあります。例えば，質問項目が何百項目もある場合，途中で回答のモチベーションが下がっていい加減な回答が誘発されやすくなってしまいます。また，質問紙法では，回答者が回答を意識的，無意識的に歪めることが可能ですので[*]「私は陰口をよく言います」などのように社会的に望ましくない内容には，社会的に望ましい方向に回答してしまうこともあります。さらに，回答者が質問項目の意味が理解できないと，的外れな回答になってしまいます。そして，質問紙法では，例えば，あるパーソナリティといじめをうけた経験の間に相関関係が見られたとしても，あるパーソナリティの人はいじめをうけやすいといったように原因と結果の関係である**因果関係**（p. 102）を断定できません。いじめを受けることでそのようなパーソナリティに変化したのかもしれませんし，いじめを受けることとパーソナリティとの両方に影響する第 3 の変数がある可能性があるからです。

[*] 昨今では，上記のような質問紙法で生じる回答の歪みをカバーするものとして，回答者が自覚できない潜在的な回答を測定する潜在連合テスト（Implicit Association Test: IAT; Greenwald 他，1998）が開発されています。IAT では，回答者に単語をカテゴリーへ分類してもらい，その分類するときの速さでパーソナリティを測定します。

（友野）

投影法

　図 10-1 を見て，何に見えるかを考えてください。人間でしょうか，動物でしょうか，それとも，植物でしょうか。あるいは，人によっては食べ物に見えるかもしれません。このように，同じものを見ているのにもかかわらず，人によって見え方が全く違うことがあり，これは，その人の認知的特徴の違いを反映していると考えられています。

　投影法は，このことを利用して，何を表しているのかはっきりしないようなあいまいな絵や図形に対する意味づけの仕方，もしくは不完全な文章に対する補完の仕方から，パーソナリティを把握する方法です。前者の例として，ほぼ左右対称にインクのシミのようなものが描かれている図版を見て，「何が」「どこに」「どうしてそのように」見えたかを回答する**ロールシャッハテスト**（図 10-1）が挙げられます。一方後者の例として，さまざまな場面で人物が描かれている図版を見て，自由に物語を考える**絵画統覚検査（TAT）**，図版のなかの登場人物 2 人のやりとりを見て，空白の吹き出しに入る言葉を考える **PF スタディ**，「私が今，考えていることは○○○。」などのような不完全な文章を，○○○の部分に入るものを考えることで完全な文章を作成する**文章完成法（SCT）**などがあります。

　投影法は，回答者にとってはっきりしない刺激に対する回答が求められることから，どのようなことが測定されているのかがわかりにくいです。そのため，意

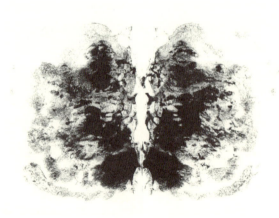

図 10-1　ロールシャッハテストの模擬図版（友野, 2012）

識的，無意識的に望ましい回答をしようとして回答が歪められることが少なく，パーソナリティの意識されていない部分が回答に投影されると考えられています。このことから，**質問紙法**（p. 104）では測定できないパーソナリティの意識されていない側面を測定できると考えられています。また，自分の内面を言語化することが苦手な回答者が，検査を通じて検査者に自分の内面を伝達しやすくなると考えられています。これらのことが，投影法の長所に挙げられています。

　一方，投影法にはいくつかの短所があります。まずは，検査者と回答者との間の親密度によって，結果が変わってしまう可能性があることです。例えば，相手が気心の知れた親友のときと，ほとんど話したこともないような人のときとで，全く同じ検査を実施しても出てきた結果が大きく変わってしまうことがあります。続いて，誰がおこなうかによって結果の処理および解釈が異なってしまう可能性があることです。例えば，上述のロールシャッハテストでは1つひとつの回答に対して「何が」「どこに」「どうしてそのように」見えたかそれぞれについて記号を付けていく作業をおこないます。そのときに，場合によっては，自分がA，友人がB，先生がCというように，全く異なる記号をそれぞれ付けるかもしれません。その結果，最終的な人物像の解釈が3人とも全く違う，ということもあり得るのです。

　なお，近年では，投影法の妥当性（p. 97）および信頼性（p. 99）の乏しさが科学的な方法によって示されており，研究者間で議論されています（Lilienfeld 他, 2003 厳島他監訳 2007; Wood 他, 2003 宮崎訳 2006）。

（友野）

それじゃあ，投影法は使ってはいけないの？

投影法は妥当性や信頼性に欠けると指摘されることもあるけど，面接などでの言語的応答だけではなく，対象者の内的世界を理解するための手がかりと考えれば，有効な場面は多いと私は思うの。使い方にもよるけどね。

パーソナリティ心理学で使う統計手法 3

　パーソナリティ心理学で使う主な統計手法として，記述統計量と相関分析，そして正規分布について説明しました（pp. 10-12）。ここでは，少し発展的な統計用語や統計手法について説明したいと思います。

因子分析

　心理学の論文などを読んでいると，因子分析という統計手法も頻繁に目にすることと思います。例えば，「あなたは駅で困っている人がいたら手助けしようと思いますか」という質問に対して「助けようと思う」と回答する人は，「あなたは街中で困っている人がいたら手助けしようと思いますか」という質問に対しても「助けようと思う」と同様の回答をするかもしれません。これは，回答者のもつ親切さがそれぞれの回答に反映されていると考えられます。つまり，回答の背景には共通の心理特性があり，ある質問に高く回答する人は別の質問にも高く回答すると考えられるのです。人がどのような質問にどのような回答をするのか，そのまとまりをもとに，人が潜在的にもっている因子（観察可能な行動などをもとに理論的に構成された概念，「キャテルの特性論」p. 41 を参照）を抽出するのが，因子分析です。これによって，人の心の構造について検討することができるのです。

　例えば，「やさしい」「積極的な」「行動力のある」「心配りができる」「冒険心に富む」「道徳心がある」といった質問について，どのくらい自分があてはまるかの回答を求めたとしましょう。

　因子分析をおこなったところ，2つの因子が抽出されたとします。そして，1つめの因子は「やさしい」「心配りができる」「道徳心がある」が反映し，2つめの因子は「積極的な」「行動力のある」「冒険心に富む」が反映していることが示されたとします。そうすると，1つめの因子を反映している「やさしい」「心配りができる」「道徳心がある」の内容から，この1つ目の因子を「人間性」という構成概念とみなすことができそうです。同様に，2つ目の因子を「活動性」という構成概念とみなせるかもしれません。このような場合，因子分析の結果として「人間性」と「活動性」の2つの因子が抽出されたことになります。

　パーソナリティに関する研究では，この因子分析の結果から，例えば「やさしい」「心配りができる」「道徳心がある」の得点を合成し「人間性」得点，「積極的な」「行動力のある」「冒険心に富む」の得点を合成し「活動性」得点として，個人の特徴を表すものとして用いることがあります。このように得点化すると，人間

性の高い人は友人関係に満足している人が多いのか，もしくは活動性が高い人が友人関係に満足している人が多いのか，など，他の特性との関係性を検討することができるようになります。

交互作用

複数の要因の組み合わせの影響について分析する方法に，分散分析があります。その分散分析において，組み合わせの効果があることは，交互作用があると呼ばれます（p.102「実験法」参照）。組み合わせの効果にはさまざまなパターンがあり，ある影響を促進する場合もあれば抑制するような場合もあります。ここでは，その一例を示します。例えば，p.102の神経症傾向の高さと成績に関する仮説を検証する場合，不安を煽られない場合においては神経症傾向によって計算作業の成績に違いはないが，不安を煽られた場合は神経症傾向によって計算作業の成績に違いがあるといった場合に，交互作用があることになります（図10-2）。

構造方程式モデリング

構造方程式モデリング（共分散構造分析）は，はじめに扱いたい内容の関連に関するモデルを作成しておいて，そこに，実際に得られたデータがどのくらいあてはまるか検証することにより，はじめに立てたモデルの適切さを検討する手法です。

例えば，以下のモデルを考えてみましょう。外向性が高いほど友人関係の満足度が高く，さらに，友人関係の満足度が高いと人生満足度も高いとします。そして，外向性が高いと人生満足度も高く，一方，神経症傾向が高いと人生満足度が低い

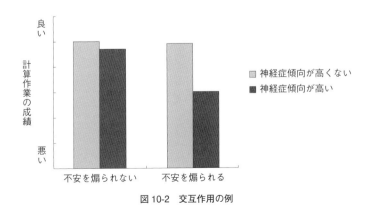

図10-2　交互作用の例

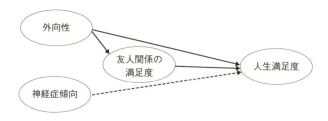

注）実線（——）は，片方が高いともう一方も高くなる関連，破線（– –）は，片方が高いと
もう一方は低くなる関連を示します。

図 10-3　構造方程式モデリングの例

とします。このような内容を図示したのが，図 10-3 です。このように，概念間の関連性についてあらかじめモデルを作成します。この分析方法の特徴として，パーソナリティなどの構成概念（p. 3）もモデルで扱えることが挙げられます。

　さて，モデルを作成したら，データを集め，構造方程式モデリングを用いて，このモデルがどれだけデータで支持されるのかを分析します。もし，モデルにデータがかなり一致していれば，このモデルを採用しますし，モデルにデータがあまりにも一致していなければ，このモデルを間違いだったと判断します。このモデルとデータの一致の程度から，モデルを修正したりして解釈していきます。

　この他にも，数多くの統計手法が，パーソナリティ心理学においてパーソナリティの理解のために用いられています。統計と聞くと難しくて逃げたくなる人がいるかもしれませんが，心の理解のための重要な道具の 1 つであり，心理学と切り離すことができないものでもあります。

（鈴木）

研究倫理

　研究というのは，社会から独立したものではありません。そのため，研究する上で，研究者以外の社会の目的とずれないように考える必要があります。これが**研究倫理**と呼ばれるものです。

　心理学の研究の多くは，時間を割き，自分の大切な情報を提供する形で調査に協力してくれた人が抱える問題や悩みをすぐその場で解消するものではありませんから，参加する人に直接的なメリットは全くないことがほとんどです。そのため，心理学では，「気楽に」人のことを調査するようなことは避けるべきだと考えられています。

　他方で，長期的に見れば，心理学の研究は，人類の幸福に資すると考えられています。そのためには一見どう役立つかわからない研究も含めていろいろな研究が許容されることで，研究の多様性が生まれ，人間の心についてさまざまな側面から理解が深まる機会が十分あることが必要です。では，どのようなことに気をつけて研究すれば良いでしょうか。

　第1は，意思に反して研究に参加させられたり，必要な説明がなく参加させられたりといったように，研究者と協力者の間にいろいろな意味で非対等な関係が生まれないようにできるだけ配慮することです。「心理学の研究なのだから，協力するのが当たり前」ではありません。先に書いたように，すぐには役に立たない以上，研究者の立場はあくまで，研究の発展という研究協力者と共通の目標のために協力をお願いするという立場でしかありません。対等な協力関係で，ともに研究を進めていくには，協力する側が協力するか否かを判断できるだけの情報提供された上で，研究協力者側が自由な意思で協力するか否かを判断できなければなりません（インフォームド・コンセント）。

　第2は，個人情報の保護に配慮することです。研究では個人の大切な情報を扱います。例えば，あなたが研究に協力したところ，あなたの全く知らないところで，あなたの個人名とともにその回答が流通し，その研究と無関係なはずの友人から，「あなたってこういう傾向があるんだってね」と言われたら，嫌だと思うのではないでしょうか。特別な場合を除いて，パーソナリティの構造そのものを検討する研究においては，調査協力者の個人が特定できないように，調査し，取得した情報を管理することが求められています。例えば，この本に載っている心理尺度を，目的を知らせずに，家族や友人に回答させて，こっそりその傾向を調べることは，非対等性という観点でも，個人情報の保護という観点でも，望ましくありません。

第3は，侵襲性（傷つける可能性）に配慮することです。調査に協力したために，とても嫌な思いをしたり，体調を崩してしまったりすることは避けなければなりません。調査の目的によっては多少不快な感情を生起させざるを得ない場合もありますが，その場合は事前に十分な説明が必要です。この判断は難しいので，心理学の調査をする際には，その調査に問題がないか，大学の倫理委員会等の審査を経ることが望ましいとされています。

（荒川）

よ〜し。倫理委員会で OK もらって，インフォームドコンセント取って，個人情報さえ守れば，何やってもいいんだなぁ〜。

あのねぇ！ そうじゃないでしょ。研究倫理っていうのは，こうすれば OK という基準ではないの。多くの人が納得し，不快な思いをできるだけしないようにすることが大切なんでしょ。
私も，研究をするたびにもっと良いやり方があったんじゃないかっていつも反省しているわ。

キムは本当に偉いなぁ。

11．性格についての心理臨床ってあるの？〈心理臨床〉

ジョージ：質問紙法や投影法というのはやったことあるけど，そんなもので性格がわかるのか僕には少し疑問だな。そんなことするよりも，1時間でもその人と一緒に過ごした方がその人のことがわかると思う。

キム：そうねぇ。もちろん質問紙法も投影法もとらえることができる側面は限られているの。だから前に話した観察法や面接法もあるの。

ジョージ：僕はそっちの方が好みかな。

キム：特に，問題を抱えた人への援助を目的とした臨床心理学では，面接に重きがおかれているわね。

ジョージ：性格についても臨床心理学が関わるの？

キム：ええ。とても関わっていると思うわ。例えば，ある大学での調査によると，大学生が学生相談室を利用する理由のおよそ 40％が自分の心理や性格だったのよ*。ちなみに，性格に関していうと性格の著しい偏りが重大な問題を引き起こしていた場合，**パーソナリティ障害**という診断がされることもある。

マッドサイエンティスト馬田：私も昔パーソナリティ障害の一種，スキゾイド型パーソナリティ障害と診断されたことがあるぞ。外界に関心がもてない傾向があるんだ。

ヒューマノイド A：え，そうなんですか！？

キム：そんなに驚くことではないわ。障害の名前がついていてもいなくても，ポンコツ博士はポンコツ博士よ。

ジョージ：キム～，言い方～。

マッドサイエンティスト馬田：DSM-5 という診断基準では，スキゾイド型パーソナリティ障害とみなされるには「家族の一員であることも含めて，親密な関係をもちたいとは思わない，またそれを楽しいと感じない」「ほとんど孤立した行動を選択する」など 7 つの項目のうちの 4 つ以上を満たす必要があるんだ。

ジョージ：僕もそうかな。

キム：障害って，少しぐらいは誰にでも当てはまると感じられることが多いの。
ジョージ：じゃあ，障害があるかないかなんて，そのように呼ぶか呼ばないかの違いということ？
キム：ううん。障害と呼ばれるかのポイントの1つに，それが，「臨床的に意味のある苦痛，または社会的，職業的，またはほかの重要な領域における機能の障害を引き起こしている」かどうかという項目もあるの。少し当てはまって不安があることと，それが重くのしかかってその人自身ではどうしようもないこととは違うと思うの。そこで，診断を得ることの意味っていろいろあると思うけど，辛いのにその理由がわからないとどうしたらいいかもわからなくて苦しんでしまうのね。でも障害だと理解することで，自分のせいじゃないと納得することができたり，治療することができたり，自分と同じ苦しみをもつ仲間を見つけて，共通の問題に対処するノウハウを共有できたり，他者に自分には何が難しいかを伝えやすくなったりすることもあるかもしれないわね。
ヒューマノイドA：友達のCさんもスキゾイド型パーソナリティ障害かも。
キム：あのね。実際にそうかどうかは素人にはわからないし実際にそうだったとしても，そのラベルが一人歩きしてしまうと，実際の障害にも個人差があるのに，周りの人は，本人を見ずに○○障害の人としてひとくくりにしてしまうことがあるの。当人にその意識がなくてもね。だから私は単純に誰かを障害に当てはめたり，それを他の人に安易に言うのは好きではないわ。
ヒューマノイドA：そうね。ごめんなさい。
キム：でも，障害について知ることで，人にはどのような特性のバリエーションがありうるのかを知り，個人を理解するときの手がかりになるとも思うのよね。
ヒューマノイドA：たしかに！ それにしても博士は，みんなが来てだいぶ変わりましたね。今やキムとジョージに全幅の信頼を置いているし……。
キム：正直，私も最初はちょっと不安だったけどね。でも，私は以前の博士も今の博士も，博士は博士だと思っているわ。

* 田名場（2013）

パーソナリティ障害

パーソナリティ障害は，精神疾患の診断・統計マニュアルである **DSM-5**（Diagnostic and Statistical Manual of Mental disorders fifth edition; American Psychiatric Association, 2013 高橋・大野監訳 2014）によると，「その人が属する文化から期待されるものから著しく偏り，広範でかつ柔軟性がなく，青年期または成人期早期に始まり，長期にわたり変わることなく，苦痛または障害を引き起こす内的体験および行動の持続様式」と定義されています。ものの考え方や行動が他者と比べて著しく偏っているために，自分が苦しんだり，他者を苦しませたりして，日常生活に支障をきたしている場合にこの診断がなされたりします。

パーソナリティ障害は，特徴に応じて以下に示すA～Cの3群に分類されています（表11-1）。

A群パーソナリティ障害は，他人から奇妙で風変わりであるととらえられている点が共通しています。猜疑性（妄想性）パーソナリティ障害，スキゾイド（シゾ

表11-1 パーソナリティ障害の種類

群	パーソナリティ障害	特徴
A群	猜疑性（妄想性）パーソナリティ障害	他人の動機を悪意があると解釈し，不信と疑い深さを示す
	スキゾイド（シゾイド）パーソナリティ障害	社会的関係から距離を置き，感情表出の範囲が狭い
	統合失調型パーソナリティ障害	親密な関係において急に不安になったり，認知や知覚を歪めたり，行動が風変わりである
B群	反社会性パーソナリティ障害	他人の権利を無視したり侵害したりする
	境界性パーソナリティ障害	対人関係や自己像や情緒が不安定で，激しい衝動性を示す
	演技性パーソナリティ障害	情動性を過度に示し，人の注意を引こうとする
	自己愛性パーソナリティ障害	誇大的で人から賞賛されたいという欲求が強く，共感性が欠如している
C群	回避性パーソナリティ障害	社交場面で行動が抑制され，不全感があり，否定的評価に対して過敏である
	依存性パーソナリティ障害	他者から世話をされたいという過剰な欲求をもち，従属的でしがみつく行動をとる
	強迫性パーソナリティ障害	秩序や完全主義やコントロールにとらわれる

イド）パーソナリティ障害，統合失調型パーソナリティ障害の3つがあります。

　B群パーソナリティ障害は，他人から演技的で情緒的で気まぐれであるととらえられている点が共通しています。反社会性パーソナリティ障害，境界性パーソナリティ障害，演技性パーソナリティ障害，自己愛性パーソナリティ障害の4つがあります。

　C群パーソナリティ障害は，不安や恐怖を感じやすいという特徴が共通しています。回避性パーソナリティ障害，依存性パーソナリティ障害，強迫性パーソナリティ障害の3つがあります。

　これらの特徴を見て，あなた自身やあなたの知り合いが実はパーソナリティ障害なのではないか，と不安になることもあるかもしれません。これらの要素は，大なり小なり皆がもっているものです。パーソナリティ障害の人は，みんながもっているその要素が，自他を苦しめるほど強くなっている状態といえます。

〈友野〉

ワーク：心理尺度の体験

　パーソナリティの特徴を把握することができる心理尺度をいくつか紹介します。心理尺度がどのようなものであるか，実際に回答して体験してみましょう。

- Big Five 尺度 短縮版
- 日本語版 Ten-Item Personality Inventory（TIPI-J）
- 自意識尺度
- 2 項目自尊感情尺度（Two-Item Self-Esteem scale; TISE）
- 二次元レジリエンス要因尺度
- 行動抑制系・行動賦活系尺度（BIS/BAS 尺度）日本語版
- 日本語版抑うつ状態チェックリスト改訂版
- 自己愛人格傾向尺度（Narcissistic Personality Inventory-35; NPI-35）

Big Five 尺度 短縮版

1. 概　　説

　Big Five 尺度（和田, 1996）は，ビッグファイブ（5 因子モデル）の考え方に基づき，外向性，調和性，誠実性，情緒不安定性，開放性の 5 因子からパーソナリティをとらえようとする尺度である。質問項目はいずれもシンプルな形容詞のみで構成されており，比較的短時間で回答することができることから，さまざまな調査で活用されている。

　ただし，項目数は各因子 12 項目，合計 60 項目とやや多いため，並川他（2012）は，この Big Five 尺度についてテスト理論に基づいた分析をおこない，29 項目からなる短縮版の形を提案している。より精緻な測定を目指すには，オリジナル版を用いる方が望ましいものの，目的等によっては，この短縮版もパーソナリティ全体の把握に十分活用できる尺度である。

2. 尺度内容

　以下のそれぞれの項目はあなた自身にどれくらいあてはまりますか。「あてはまらない」から「あてはまる」の内で，自分に最もあてはまると思うところの数字に○印をつけてください。

内容は次のページ

3. 得点化の方法

外向性：項目 1（逆転項目）＋項目 6 ＋項目 11 ＋項目 16 ＋項目 21
調和性：項目 5（逆転項目）＋項目 10（逆転項目）＋項目 15 ＋項目 20
　　　　＋項目 25（逆転項目）＋項目 28
誠実性：項目 2（逆転項目）＋項目 7（逆転項目）＋項目 12（逆転項目）
　　　　＋項目 17（逆転項目）＋項目 22 ＋項目 26（逆転項目）＋項目 29
情緒不安定性：項目 3 ＋項目 8 ＋項目 13 ＋項目 18 ＋項目 23
開放性：項目 4 ＋項目 9 ＋項目 14 ＋項目 19 ＋項目 24 ＋項目 27
　逆転項目については 6 から引いた数を出しておき，それを計算に使う。

	あてはまらない	あまりあてはまらない	どちらともいえない	ややあてはまる	あてはまる
1. 無口な	1	2	3	4	5
2. いい加減な	1	2	3	4	5
3. 不安になりやすい	1	2	3	4	5
4. 多才の	1	2	3	4	5
5. 短気	1	2	3	4	5
6. 社交的	1	2	3	4	5
7. ルーズな	1	2	3	4	5
8. 心配性	1	2	3	4	5
9. 進歩的	1	2	3	4	5
10. 怒りっぽい	1	2	3	4	5
11. 話し好き	1	2	3	4	5
12. 成り行きまかせ	1	2	3	4	5
13. 弱気になる	1	2	3	4	5
14. 独創的な	1	2	3	4	5
15. 温和な	1	2	3	4	5
16. 外向的	1	2	3	4	5
17. 怠惰な	1	2	3	4	5
18. 緊張しやすい	1	2	3	4	5
19. 頭の回転の速い	1	2	3	4	5
20. 寛大な	1	2	3	4	5
21. 陽気な	1	2	3	4	5
22. 計画性のある	1	2	3	4	5
23. 憂鬱な	1	2	3	4	5
24. 興味の広い	1	2	3	4	5
25. 自己中心的	1	2	3	4	5
26. 軽率な	1	2	3	4	5
27. 好奇心が強い	1	2	3	4	5
28. 親切な	1	2	3	4	5
29. 几帳面な	1	2	3	4	5

4. 平均値と SD などの情報

　後藤・並川（2015）では，大学1年生775名（男性486名，女性247名，不明42名）を対象に，Big Five 尺度短縮版を用いた調査をおこなっている。それによると，各因子の平均値は，外向性は15.95（SD=4.13），調和性は20.31（SD=3.82），誠実性は19.93（SD=4.86），情緒不安定性は17.84（SD=3.97），開放性は18.19（SD=3.48）であった。

5. 出典

後藤 康志・並川 努（2015）．ソーシャルメディア利用とパーソナリティ及び大学
　　生活への期待との関係　新入生に焦点化して　教育メディア研究, *21*, 51-60.
並川 努・谷 伊織・脇田 貴文・熊谷 龍一・中根 愛・野口 裕之（2012）．Big Five

尺度短縮版の開発と信頼性と妥当性の検討　心理学研究, *83*, 91-99.
和田さゆり (1996). 性格特性用語を用いた Big Five 尺度の作成　心理学研究, *67*, 61-67.

6. 注意事項等
引用の際は，上記2論文を引用する。

（並川　努）

日本語版 Ten-Item Personality Inventory (TIPI-J)

1. 概　　説
　人間のパーソナリティ全体を5つの特性から把握しようと試みる枠組みが，ビッグ・ファイブである。ビッグファイブには，外向性（活発で外部に刺激を求める），協調性（利他的でやさしく，円滑な対人関係を営む），勤勉性（まじめで自分を律し，目標やルールを重視する），神経症傾向（感情的な不安定さ），開放性（伝統やしきたりにとらわれず自由な思考をする）という5つの特性がある。この尺度は10項目という非常に少ない項目数で，ビッグファイブの5つの特性を測定しようと試みるものである。TIPI-J は超短縮版の尺度であることから少ないスペース，短い回答時間で使用することができる。しかし，あくまでもある程度おおまかな傾向を把握することを目的とすると考えるのが良いだろう。

2. 尺度内容
　1から10までのことばがあなた自身にどのくらい当てはまるかについて，下の枠内の1から7までの数字のうちもっとも適切なものを括弧内に入れてください。文章全体を総合的に見て，自分にどれだけ当てはまるかを評価してください。

全く違うと思う	おおよそ違うと思う	少し違うと思う	どちらでもない	少しそう思う	まあまあそう思う	強くそう思う
1	2	3	4	5	6	7

　私は自分自身のことを……
1. （　　　）活発で，外向的だと思う
2. （　　　）他人に不満をもち，もめごとを起こしやすいと思う
3. （　　　）しっかりしていて，自分に厳しいと思う
4. （　　　）心配性で，うろたえやすいと思う
5. （　　　）新しいことが好きで，変わった考えをもつと思う
6. （　　　）ひかえめで，おとなしいと思う
7. （　　　）人に気をつかう，やさしい人間だと思う
8. （　　　）だらしなく，うっかりしていると思う
9. （　　　）冷静で，気分が安定していると思う
10. （　　　）発想力に欠けた，平凡な人間だと思う

3. 得点化の方法
外向性得点　　　：項目1＋（8－項目6）
協調性得点　　　：（8－項目2）＋項目7
勤勉性得点　　　：項目3＋（8－項目8）
神経症傾向得点：項目4＋（8－項目9）
開放性得点　　　：項目5＋（8－項目10）

項目6，2，8，9，10は逆転項目なので8から引いて合計している。
　ここでは2項目の合計得点を使用しているが，海外のTIPIでは2で割った値が使用される。どちらを使用しても構わないが，方法および結果で明記するのが望ましい。

4. 平均値と SD などの情報
　大学生902名に実施した結果は，外向性は平均7.83（SD=2.97），協調性は平均9.48（SD=2.16），勤勉性は平均6.14（SD=2.41），神経症傾向は平均9.21（SD=2.48），開放性は平均8.03（SD=2.48）であった。

5. 出典
小塩　真司・阿部　晋吾・カトローニ　ピノ（2012）．日本語版 Ten Item Personality Inventory（TIPI-J）作成の試み　パーソナリティ研究, 21, 40-52.

6. 注意事項等
　論文等で使用する際には上記論文を参照・引用すること。

（小塩真司）

自意識尺度

1. 概　説

　われわれの注意は，通常，外の世界に向けられ刻々と変化する環境に対応しているが，逆に注意が自分自身に戻る瞬間がある。「我に返る」「自分を意識する」などと表現されるが，心理学ではこれを自己意識状態と呼んでいる。自己意識状態が高まると人は自分を評価し始める。服装，髪型が気になったり，最近の自分の生活を反省したりすることもある。このように自己意識は自己の不適切な側面を検出し，制御するための「振り返り」の時間といえる。自己意識には個人差があり，大きく2つのタイプに分かれる。1つは私的自意識で自分の内面への関心の程度，もう一方は公的自意識で他者の目に映る自己への関心の程度を意味する。いずれも自己を制御する傾向が強いが，その基準が前者は内面基準であるのに対し，後者は他者からの評価と異なっており，それぞれ対人行動を違った方向に導く。

2. 尺度内容

　以下の項目はあなたにどの程度当てはまるでしょうか。「非常に当てはまる（7点）」から「全く当てはまらない（1点）」のうち，最も近いもの一つに〇をつけてください。

1. 自分が他人にどう思われているか気になる	1	2	3	4	5	6	7
2. 世間体など気にならない	1	2	3	4	5	6	7
3. 人に会うとき，どんなふうにふるまえば良いのか気になる	1	2	3	4	5	6	7
4. 自分の発言を他人がどう受け取ったか気になる	1	2	3	4	5	6	7
5. 人に見られていると，ついかっこうをつけてしまう	1	2	3	4	5	6	7
6. 自分の容姿を気にするほうだ	1	2	3	4	5	6	7
7. 自分についてのうわさに関心がある	1	2	3	4	5	6	7
8. 人前で何かするとき，自分のしぐさや姿が気になる	1	2	3	4	5	6	7
9. 他者からの評価を考えながら行動する	1	2	3	4	5	6	7
10. 初対面の人に，自分の印象を悪くしないよう気遣う	1	2	3	4	5	6	7
11. 人の目に映る自分の姿に心を配る	1	2	3	4	5	6	7
12. 自分がどんな人間か自覚しようと努めている	1	2	3	4	5	6	7
13. その時々の気持ち動きを自分でつかんでいたい	1	2	3	4	5	6	7

14. 自分自身の内面のことには，あまり関心がない	1	2	3	4	5	6	7
15. 自分が本当は何がしたいのか考えながら行動する	1	2	3	4	5	6	7
16. ふと一歩離れたところから自分をながめてみることがある	1	2	3	4	5	6	7
17. 自分を反省してみることが多い	1	2	3	4	5	6	7
18. 他人を見るように自分をながめてみることがある	1	2	3	4	5	6	7
19. しばしば自分の心を理解しようとする	1	2	3	4	5	6	7
20. つねに自分自身を見つめる目を忘れないようにしている	1	2	3	4	5	6	7
21. 気分が変わると自身自身でそれを敏感に感じ取るほうだ	1	2	3	4	5	6	7

3. 得点化の方法

項目の選択肢とその換算得点は「非常にあてはまる（7点）」，「あてはまる（6点）」，「ややあてはまる（5点）」，「どちらとも言えない（4点）」，「ややあてはまらない（3点）」，「あてはまらない（2点）」，「全く当てはまらない（1点）」である。

逆転項目については8から引いた数を出しておき，それを計算に使う。

公的自意識得点：質問1〜質問11を合計（ただし，質問2は逆転項目）

私的自意識：質問12〜質問21を合計（ただし，質問14は逆転項目）

4. 平均値とSDなどの情報

都内の大学3校の男子学生272名，女子学生162名を対象にした調査によると，公的自意識得点の平均は男性52.8（$SD=9.9$），女性56.4（$SD=8.3$）であった。また，私的自意識得点の平均は男性50.3（$SD=9.0$），女性54.0（$SD=7.7$）であった。

なお，15歳から49歳までの発達変化を平均値で見ると，私的自意識は変動が小さいが，公的自意識は年齢とともに低下していく。特に女性層での低下は急激で，若年層では男性を上回っているが，40歳以降では性差がほぼ消失する。

5. 出典

菅原 健介（1984）．自意識尺度（self-consciousness scale）日本語作成の試み 心理学研究, 55, 184-188.

6. その他

論文等で使用する際には，上記論文を参照・引用すること。

（菅原健介）

2項目自尊感情尺度（Two-Item Self-Esteem scale; TISE）

1. 概　説

　人間にとって，自分自身を価値ある存在として肯定的にとらえる感覚をもつことができるか否かは，重要な意味をもつ。この感覚は，自尊感情と呼ばれる。2項目自尊感情尺度の特徴として，自尊感情を極めて少ない項目数で測定すること，自己評価と自己受容の2側面から測定すること，特性と状態の2側面それぞれをほぼ同一の項目表現で測定すること，が挙げられる。自己評価は自分自身の能力や資質に対する評価を，自己受容はありのままの自己への満足や肯定を意味する。特性自尊感情は時間や状況を越えて比較的安定した個人の特徴を，状態自尊感情は個人の経験や認知によって瞬間的に変化する自尊感情を意味する。

2. 尺度内容

特性2項目自尊感情尺度（Two-Item Self-Esteem scale Trait version: TISE-Trait）

　以下の文それぞれについて，「5.非常にあてはまる」〜「1.全くあてはまらない」のうち，あなたにあてはまる数字1つを選んで○をつけてください。

	全くあてはまらない	あまりあてはまらない	どちらともいえない	ややあてはまる	非常にあてはまる
1. 自分にはいろいろな良い素質があると思う	1	2	3	4	5
2. 自分のことを好ましく感じる	1	2	3	4	5

状態2項目自尊感情尺度（Two-Item Self-Esteem scale State version: TISE-State）

　今，この瞬間，あなたは次のような特徴がどのていど自分にあてはまると思いますか。

	あてはまらない	どちらかというとあてはまらない	どちらともいえない	どちらかというとあてはまる	あてはまる
3. いま，自分にはいろいろな良い素質があると感じる	1	2	3	4	5
4. いま，自分のことを好ましく感じる	1	2	3	4	5

3. 得点化の方法
TISE-Trait 得点：質問 1＋質問 2
TISE-State 得点：質問 3＋質問 4

4. 平均値と SD などの情報
　300 名の学生を対象とした調査結果では，TISE-Trait 得点の平均は 6.23（SD=1.95）であった（箕浦・成田, 2013b）。

　一般成人 726 名（平均年齢 45.54 歳，SD=14.29）を対象として 7 日間の日記式調査を Web 調査法にて実施した。特性自尊感情の代替的な指標とみなせる毎晩くり返し測定した TISE-State 得点の 7 日間の個人内平均は 6.28（SD=1.86）であった（箕浦・成田, 2016a）。日記式調査がおこなわれた 7 日間中において，ポジティブ出来事得点最大日（状態自尊感情が高いと予測される）における TISE-State 得点の平均は 6.58（SD=1.93），ネガティブ出来事得点最大日（状態自尊感情が低いと予測される）における TISE-State 得点の平均は 6.09（SD=2.04）であった（箕浦・成田, 2016a）。

　292 名の学生に場面想定法調査を実施した。その結果，状態自尊感情が高いと予測されるポジティブ場面想定時の TISE-State 得点の平均は，学業達成場面 7.87（SD=1.89），対人関係場面 6.72（SD=1.97）であった。状態自尊感情が低いと予測されるネガティブ場面想定時の TISE-State 得点の平均は，学業達成場面 4.08（SD=2.07），対人関係場面 4.21（SD=2.01）であった（箕浦・成田, 2016b）。

5. 出典
箕浦 有希久・成田 健一（2013a）．2 項目自尊感情尺度の提案―評価と受容の 2 側面に注目して―　人文論究（関西学院大学文学部紀要），63（1），129-147.
箕浦 有希久・成田 健一（2013b）．2 項目自尊感情尺度の開発および信頼性・妥当性の検討　感情心理学研究，21, 37-45.
箕浦 有希久・成田 健一（2015）．状態自尊感情の測定とその展望―状態 - 特性自尊感情の視点から―　人文論究（関西学院大学文学部紀要），65（3），1-17.
箕浦 有希久・成田 健一（2016a）．2 項目自尊感情尺度を用いた状態自尊感情測定尺度の開発―妥当性に関する多側面からの検討―　感情心理学研究，23，78-86.
箕浦 有希久・成田 健一（2016b）．2 項目自尊感情尺度を用いた状態自尊感情の

測定─実験的に操作された場面想定法による妥当性の検討─　パーソナリティ研究, *25*, 151-153.

6. その他
論文等で使用する際には，上記論文を参照・引用すること。

（箕浦有希久）

二次元レジリエンス要因尺度

1. 概　説

　つらい出来事があったり，困難な状況に陥ったとき，すぐに前に進める人もいれば，なかなか立ち直れない人がいると感じたことはないだろうか。レジリエンスとは，そういったストレス状況においてうまく適応したり，回復したりできる力のことを指す概念である。レジリエンスは，その人のもっているいくつかの「レジリエンス要因」によって導かれるといわれている。「レジリエンス要因」にはさまざまなものがあるが，そのなかには後から身につけやすいものも，身につけにくいものもある。この尺度は，個人のもつレジリエンス要因を，もって生まれた気質と関連の強い「資質的レジリエンス要因」（楽観性，統御力，社交性，行動力）と，発達のなかで身につけやすい「獲得的レジリエンス要因」（問題解決志向，自己理解，他者心理の理解）に分けてとらえる尺度である。

2. 尺度内容

　あなた自身についてお答えください。以下の項目について，1「まったくあてはまらない」〜5「とてもあてはまる」の中で，もっとも当てはまると思う数字を選んでください。

1. どんなことでも，たいてい何とかなりそうな気がする。	1	2	3	4	5
2. 昔から，人との関係をとるのが上手だ。	1	2	3	4	5
3. 自分の性格についてよく理解している。	1	2	3	4	5
4. たとえ自信がないことでも，結果的に何とかなると思う。	1	2	3	4	5
5. 自分から人と親しくなることが得意だ。	1	2	3	4	5
6. 嫌な出来事があったとき，今の経験から得られるものを探す。	1	2	3	4	5
7. 自分の考えや気持ちがよくわからないことが多い。	1	2	3	4	5
8. 自分は体力がある方だ。	1	2	3	4	5
9. 努力することを大事にする方だ。	1	2	3	4	5
10. 人の気持ちや，微妙な表情の変化を読み取るのが上手だ。	1	2	3	4	5
11. つらいことでも我慢できる方だ。	1	2	3	4	5
12. 決めたことを最後までやりとおすことができる。	1	2	3	4	5
13. 思いやりを持って人と接している。	1	2	3	4	5

14. 困難な出来事が起きても，どうにか切り抜けることができると思う。	1	2	3	4	5
15. 交友関係が広く，社交的である。	1	2	3	4	5
16. 人と誤解が生じたときには積極的に話をしようとする。	1	2	3	4	5
17. 嫌な出来事が，どんな風に自分の気持ちに影響するか理解している。	1	2	3	4	5
18. 嫌な出来事があったとき，その問題を解決するために情報を集める。	1	2	3	4	5
19. 嫌なことがあっても，自分の感情をコントロールできる。	1	2	3	4	5
20. 自分は粘り強い人間だと思う。	1	2	3	4	5
21. 他人の考え方を理解するのが比較的得意だ。	1	2	3	4	5

3. 得点化の方法

資質的レジリエンス要因得点（以下4因子の合計）
　　　楽観性：項目1＋項目4＋項目14
　　　統御力：項目8＋項目11＋項目19
　　　社交性：項目2＋項目5＋項目15
　　　行動力：項目9＋項目12＋項目20
獲得的レジリエンス要因得点（以下3因子の合計）
　　　問題解決志向　：項目6＋項目16＋項目18
　　　自己理解　　　：項目3＋項目7（逆転項目）＋項目17
　　　他者心理の理解：項目10＋項目13＋項目21
逆転項目については6から引いた数を出しておき，それを計算に使う。

4. 平均値と SD などの情報

　日本人大学生500名に実施した調査によると，資質的レジリエンス要因得点の平均は男性36.11（SD=8.17），女性36.80（SD=8.04），獲得的レジリエンス要因得点の平均は男性28.48（SD=5.69），女性29.11（SD=5.21）であった。その他の年齢サンプルの情報は出典を参照されたい。

5. 出典

平野 真理（2010）．レジリエンスの資質的要因・獲得的要因の分類の試み—二次
　　元レジリエンス要因尺度（BRS）の作成　パーソナリティ研究, 19, 94-106.
平野 真理（2015）．レジリエンスは身につけられるか—個人差に応じた心のサポ
　　ートのために—　東京大学出版会

6. 注意事項等

　はじめに述べたように，レジリエンスはその個人が有するいくつかのレジリエンス要因によって導かれるものであるため，必ずしもすべての要因が満点であることが必要なわけではない。その個人が，レジリエンスにつながるどんな要因をもっているかを，プロフィール的に理解するための尺度として活用してほしい。また，どの要因がレジリエンスにつながるかは個人によって異なるため，単純に合計得点を個人間や平均値と比べて評価することはあまり適切ではない。

（平野真理）

行動抑制系・行動賦活系尺度（BIS/BAS尺度）日本語版

1. 概　説
　Gray（1970, 1982, 1987）は，人間の行動は2つの大きな動機づけシステムの競合によって制御されていると述べ，ブレーキの役割を果たす行動抑制系（BIS）と，アクセルの役割を果たす行動賦活系（BAS）の2つを定義した。BISは罰を回避する動機づけシステムで，自らの行動を抑制するように作用し，特性的な不安の基盤を成す。BASは，報酬の存在によって活性化される動機づけシステムで，接近的な行動を起こす機能を担い，特性的な衝動性の基盤を成す。BISは1つの次元にまとまりやすいが，一方のBASは3つの下位次元に分けて用いることも可能である。具体的には，望まれる目標への持続的な追求に関連する駆動（D），報酬の存在や予期に対するポジティブな反応に焦点を当てた報酬反応性（RR），新奇な刺激や報酬刺激に対して思い付きで接近しやすい傾向を反映する刺激探求（FS）の3つである。

2. 尺度内容
　あなたが以下の項目にどれくらいあてはまると感じるかをお尋ねします。「あてはまる」，「少しあてはまる」，「あまりあてはまらない」，「あてはまらない」の4つのうち，どれがあなたにもっとも近いか選び，それぞれの文章の後にある数字をひとつ○で囲んで下さい。

	あてはまらない	あまりあてはまらない	少しあてはまる	あてはまる
01. 何か悪いことが自分に起ころうとしていても，怖くなったり神経質になったりすることはない	1	2	3	4
02. 欲しいものを手に入れるためには，できることは全部する	1	2	3	4
03. 何かがうまくいっているときは，それを続けることが楽しい	1	2	3	4
04. おもしろそうだと思えば，いつも何か新しいものを試したいと考えている	1	2	3	4
05. 欲しいものを手に入れると，興奮して，元気いっぱいになる	1	2	3	4

06. 人から注意されたり，まちがっていると言われたりすると，かなり傷つく	1	2	3	4
07. 欲しいものがあると，たいていそれを手に入れるために，とことんやる	1	2	3	4
08. 楽しいかもしれないから，というだけの理由で，何かをすることがよくある	1	2	3	4
09. 欲しいものを手に入れるチャンスがあれば，とりあえずすぐに動き出す	1	2	3	4
10. だれかが自分のことを怒っていると考えると，かなり動揺する	1	2	3	4
11. 何か好きなものを手に入れるチャンスをみつけると，とても張り切る	1	2	3	4
12. しばしば時のはずみで行動する	1	2	3	4
13. 何かよくないことが起ころうとしていると思うと，たいてい緊張する	1	2	3	4
14. よいことが自分の身に起こると，興奮して大喜びする	1	2	3	4
15. 何かをあまりうまくできなかったと考えると，不安になる	1	2	3	4
16. ワクワク感，ドキドキ感などの興奮やこれまでにない新鮮な感覚を感じたい，と強く思っている	1	2	3	4
17. 何かが欲しいときは，だれも自分を止められないと思う	1	2	3	4
18. 友だちと比べると，自分はとても心配性である	1	2	3	4
19. 何かの競争に勝ったら，とても興奮する	1	2	3	4
20. まちがいや失敗をしてしまうことが心配である	1	2	3	4

3. 得点化の方法（逆転項目については5から引いた数を出しておき，それを計算に使う）

BIS得点：質問1（逆転項目）+ 質問6 + 質問10 + 質問13 + 質問15 + 質問18（逆転項目）+ 質問20

BAS得点：質問2 + 質問3 + 質問4 + 質問5 + 質問7 + 質問8 + 質問9 + 質問11 + 質問12 + 質問14 + 質問16 + 質問17 + 質問19

D得点：質問2 + 質問7 + 質問9 + 質問17

RR得点：質問3 + 質問5 + 質問11 + 質問14 + 質問19

FS得点：質問4 + 質問8 + 質問12 + 質問16

4. 平均値とSDなどの情報

大学生446名を対象とした質問紙調査において，BIS得点の平均は21.38（$SD=4.17$），BAS得点の平均は41.28（$SD=5.48$）であった（高橋他，2007）。BASの3つの下位次元の平均（標準偏差）はそれぞれ，D: 11.89（$SD=2.44$），RR: 12.45（$SD=2.31$），FS: 16.95（$SD=2.14$）であった。

5. 出典

Gray, J. A. (1970). The psychophysiological basis of introversion-extraversion. *Behavioral Research and Therapy, 8,* 249-266.

Gray, J. A. (1982). *Neuropsychological theory of anxiety.* New York: Oxford University Press.

Gray, J. A. (1987). *The psychology of fear and stress.* Cambridge, UK: Cambridge University Press.

高橋 雄介・山形 伸二・木島 伸彦・繁桝 算男・大野 裕・安藤 寿康 (2007). Gray の気質モデル BIS/BAS 尺度日本語版の作成と双生児法による行動遺伝学的検討 パーソナリティ研究, *15,* 276-289.

Takahashi, Y., Yamagata, S., Kijima, N., Shigemasu. K., Ono, Y., & Ando, J. (2007). Continuity and change in behavioral inhibition and activation systems: A longitudinal behavioral genetic study. *Personality and Individual Differences, 43,* 1616-1625.

高橋 雄介・繁桝 算男 (2008). 罰の回避と報酬への接近の感受性を測定する3尺度の比較 パーソナリティ研究, *17,* 72-81.

6. 注意事項等

教示文によって回答が変化するとは考えにくいので, 教示文は適宜変更して使用可能である。

(高橋雄介)

日本語版抑うつ状態チェックリスト改訂版

1. 概説

　気分が落ち込みやすく，なかなか立ち直れない人には，嫌なことを考えやすく，思い出したくないことを思い出しやすいという特徴がある。このような考え方や記憶（イメージ）に悩まされやすい人は，気分が落ち込んだときに，自分自身に対する否定的な見方が優勢になると考えられている。日本語版抑うつ状態チェックリスト改訂版は，気分の落ち込みや悲しみといった純粋な情動的成分と，自分自身に対する否定的な見方という，抑うつ気分の2つの構成成分を測定することを目的とした尺度である。抑うつ気分の情動的成分は「情動形容詞群」の得点で，自分自身に対する否定的な見方は「ネガティブな自己視点形容詞群」の得点で測定される。

2. 尺度内容

　教示文：<u>過去1ヶ月間における，あなたが悲しくなったり，落ち込んだりした経験</u>についてお聞きします。<u>そのような経験が複数回ある場合は，そのうちの1つを思い出してお答え下さい。</u>その時のあなたの気分状態は，以下の形容詞にどのくらいあてはまりますか？「(1) まったくあてはまらない」～「(5) 非常にあてはまる」でお答えください。

	まったくあてはまらない	あまりあてはまらない	どちらともいえない	ややあてはまる	非常にあてはまる		まったくあてはまらない	あまりあてはまらない	どちらともいえない	ややあてはまる	非常にあてはまる
1. 劣った	1	2	3	4	5	9. 誰からも理解されない	1	2	3	4	5
2. 気が滅入った	1	2	3	4	5	10. むなしい	1	2	3	4	5
3. しょげている	1	2	3	4	5	11. 周囲の人をがっかりさせる	1	2	3	4	5
4. 落胆した	1	2	3	4	5	12. 取り返しのつかない	1	2	3	4	5
5. 失敗ばかりの	1	2	3	4	5	13. 物悲しい	1	2	3	4	5
6. 元気のない	1	2	3	4	5	14. やる気がない	1	2	3	4	5
7. 完全に失敗した	1	2	3	4	5						
8. 非難されるべき	1	2	3	4	5						

15. 誰からも認められない	1	2	3	4	5	22. 欠点だらけの	1	2	3	4	5
16. 気落ちした	1	2	3	4	5	23. 気力がない	1	2	3	4	5
17. だるい	1	2	3	4	5	24. 何のとりえもない	1	2	3	4	5
18. 無能な	1	2	3	4	5	25. 愚かな	1	2	3	4	5
19. 迷惑ばかりかける	1	2	3	4	5	26. 寂しい	1	2	3	4	5
20. 意気消沈した	1	2	3	4	5	27. がっかりした	1	2	3	4	5
21. 活気がない	1	2	3	4	5	28. ダメなままの	1	2	3	4	5

3. 得点化の方法

情動形容詞群得点：質問 2＋質問 3＋質問 4＋質問 6＋質問 10＋質問 13
　　　　　　　　＋質問 14＋質問 16＋質問 17＋質問 20＋質問 21
　　　　　　　　＋質問 23＋質問 26＋質問 27

ネガティブな自己視点形容詞群得点：質問 1＋質問 5＋質問 7＋質問 8
　　　　　　　　＋質問 9＋質問 11＋質問 12＋質問 15＋質問 18
　　　　　　　　＋質問 19＋質問 22＋質問 24＋質問 25＋質問 28

4. 平均値と SD などの情報

　関東地方にある 1 大学に在籍する学部生 176 名におこなった調査によると，ネガティブな自己視点形容詞群得点の平均は 36.32（$SD = 13.51$）であり，情動形容詞群得点の平均は 44.77（$SD = 12.70$）であった。

5. 出典

長谷川 晃・伊藤 義徳・矢澤 美香子・根建 金男（2010）．日本語版抑うつ状態チェックリストの改訂　パーソナリティ研究, *19*, 68-71．

6. 注意事項等

　論文等で使用する際には，上記論文を参照・引用すること。

（長谷川　晃）

自己愛人格傾向尺度（Narcissistic Personality Inventory-35; NPI-35）

1. 概　説

　水面に映った自分の姿を見て，恋をし，近づこうと水面に落ちてしまった（その他諸説あり）ナルキッソスという男性を描いたギリシャ神話をご存知だろうか。彼の名前を語源として，ナルシシストという言葉が生まれた。その特徴としては，自己陶酔，自分を特別な存在と思っている，傲慢な態度，注目や賞賛への強い欲求，共感性に乏しいなどが挙げられる。

　NPI-35 は，このような人格傾向を測定する尺度である。NPI-35 は比較的少ない項目で，自己愛人格傾向の5つの側面を評価できること，またその側面には自己愛人格傾向の延長線上に臨床場面で見られる自己愛性パーソナリティ障害の特性が存在しているという点が考慮されていることが特徴として挙げられる。

2. 尺度内容

　あなた自身についてお尋ねします。質問をよく読み，次の各項目について自分自身に「1．全くあてはまらない」から，「6．非常にあてはまる」のうちで最もあてはまると思う数字1つに○印をつけて下さい。

	全くあてはまらない	それほどあてはまらない	ややあてはまらない	少しあてはまる	かなりあてはまる	非常にあてはまる
1. 私にはまわりの人々に影響を与えられる生まれつきの才能がある。	1	2	3	4	5	6
2. 私は控えめな人間ではない。	1	2	3	4	5	6
3. 私はどんなことでもあえて挑戦する。	1	2	3	4	5	6
4. もし私が世界のルールを作れるなら，もっと世界は良くなるだろう。	1	2	3	4	5	6
5. いつも自分のやり方で，何でもうまく切り抜けられる。	1	2	3	4	5	6
6. 注目の的になりたいと思う。	1	2	3	4	5	6
7. 私は成功するだろう。	1	2	3	4	5	6

8. 私は特別な才能を持った人間だと思う。	1	2	3	4	5	6
9. 私はよいリーダーだと思う。	1	2	3	4	5	6
10. 自己主張をする。	1	2	3	4	5	6
11. まわりの人々に影響を及ぼすような権威を持ちたいと思う。	1	2	3	4	5	6
12. 自分の思い通りに人を使うのは簡単だ。	1	2	3	4	5	6
13. 自分にふさわしい尊敬を受けることを強く主張する。	1	2	3	4	5	6
14. 自分の体を自慢したいと思う。	1	2	3	4	5	6
15. 決断には責任を持ちたいと思う。	1	2	3	4	5	6
16. 世間の目から見て抜きん出た人になりたいと思う。	1	2	3	4	5	6
17. 自分の体を見るのが好きだ。	1	2	3	4	5	6
18. チャンスがあれば自分をよく見せたい。	1	2	3	4	5	6
19. 私はいつも自分の行動を理解している。	1	2	3	4	5	6
20. 物事をやり遂げるのに、めったに人には頼らない。	1	2	3	4	5	6
21. みんな私の話を聞きたがる。	1	2	3	4	5	6
22. 欲しいものを全て手に入れるまで気がすまない。	1	2	3	4	5	6
23. ほめられたいと思う。	1	2	3	4	5	6
24. 権力を持ちたいという強い意志がある。	1	2	3	4	5	6
25. 鏡で自分自身を見るのが好きである。	1	2	3	4	5	6
26. 注目の的になって目立ちたいと強く思う。	1	2	3	4	5	6
27. まわりの人は私の権威を認めているようだ。	1	2	3	4	5	6
28. 集団の一員よりもリーダーになるのを好む。	1	2	3	4	5	6
29. 私は将来，偉大な人になると思う。	1	2	3	4	5	6
30. どんなことでもみんなを信用させることができる。	1	2	3	4	5	6
31. 私は生まれつき、リーダーとしての素質を持っている。	1	2	3	4	5	6
32. 私は誰かにいつか自伝を書いてもらいたい。	1	2	3	4	5	6
33. 人前に出たとき，まわりの人が私に注意を払ってくれないと落ち着かない気分になる。	1	2	3	4	5	6
34. 私は他の人より有能だと思う。	1	2	3	4	5	6
35. 私はまわりの人々よりずばぬけた人間だと思う。	1	2	3	4	5	6

3. 得点化の方法

自己愛人格傾向得点：質問 1＋質問 2＋質問 3＋質問 4＋質問 5＋質問 6
＋質問 7＋質問 8＋質問 9＋質問 10＋質問 11

　　　　　　　　　　　　＋質問 12＋質問 13＋質問 14＋質問 15＋質問 16
　　　　　　　　　　　　＋質問 17＋質問 18＋質問 19＋質問 20＋質問 21
　　　　　　　　　　　　＋質問 22＋質問 23＋質問 24＋質問 25＋質問 26
　　　　　　　　　　　　＋質問 27＋質問 28＋質問 29＋質問 30＋質問 31
　　　　　　　　　　　　＋質問 32＋質問 33＋質問 34＋質問 35
　　注目欲求得点：質問 6＋質問 11＋質問 13＋質問 16＋質問 18＋質問 22
　　　　　　　　　＋質問 23＋質問 24＋質問 26＋質問 33
　　誇大感得点：質問 4＋質問 7＋質問 8＋質問 12＋質問 29＋質問 32
　　　　　　　　＋質問 34＋質問 35
　　主導性得点：質問 1＋質問 2＋質問 3＋質問 9＋質問 10＋質問 21＋質問 27
　　　　　　　　＋質問 28＋質問 31
　　身体賞賛得点：質問 14＋質問 17＋質問 25
　　自己確信得点：質問 5＋質問 15＋質問 19＋質問 20＋質問 30

4. 平均値と SD などの情報

　大学生 330 名（男性 152 名，女性 178 名）を対象にした調査によると，NPI-35 総得点の平均は 111.75（SD=22.93），注目欲求得点の平均は 37.07（SD=8.87），誇大感得点の平均は 22.48（SD=7.45），主導性得点の平均は 27.46（SD=7.33），身体賞賛得点の平均は 6.89（SD=2.81），自己確信得点の平均は 17.86（SD=3.65）であった。

5. 出典

小西 瑞穂・大川 匡子・橋本 宰（2006）．自己愛人格傾向尺度（NPI-35）の作成の試み　パーソナリティ研究, *14*, 214-226.

6. 注意事項等

　論文等で使用する際には，上記論文を参照・引用すること。また，著者に一報いただけるとありがたい。

　　　　　　　　　　　　　　　　　　　　　　　　　　　　　　（小西瑞穂）

文　献

Ainsworth, M. D. S., Blehar, M. C., Waters, E., & Wall, S. (1978). *Patterns of attachment: A psychological study of Strange Situation*. Hillsdale, NJ: Lawrence Erlbaum Associates.

Allport, G. W. (1937). *Personality: A psychological interpretation*. New York: Henry Holt. (オルポート, G. W. (著)　詫摩 武俊・青木 孝悦・近藤 由紀子・堀 正 (訳) (1982). パーソナリティ―心理学的解釈―　新曜社)

Allport, G. W., & Odbert, H. S. (1936). Trait names: A psycholexical study. *Psychological Monographs, 47*, 211.

American Psychiatric Association (2013). *Diagnostic and statistical manual of mental disorders* (fifth edition). Arlington, V A: American Psychiatric Association. (アメリカ精神医学会.　高橋 三郎・大野 裕 (監訳) (2014). DSM-5 精神疾患の診断・統計マニュアル　医学書院)

安藤 寿康 (2000). 心はどのように遺伝するか―双生児が語る新しい遺伝観―　講談社

安藤 寿康 (2009). 生命現象としてのパーソナリティ　榎本 博明・安藤 寿康・堀毛 一也　パーソナリティ心理学―人間科学, 自然科学, 社会科学のクロスロード―(pp. 111-133)　有斐閣

安藤 寿康 (2014). 遺伝と環境の心理学―人間行動遺伝学入門―　培風館

Asch, S. E. (1946). Forming impressions of personality. *Journal of Abnormal and Social Psychology, 41*, 258-290.

Bartholomew, K., & Horowitz, L. M. (1991). Attachment styles among young adults: A test of a four-category model. *Journal of Personality and Social Psychology, 61*, 226-244.

Beach, L., & Wertheimer, M. (1961). A free response app. oach to the study of person cognition. *Journal of Abnormal and Social Psychology, 62*, 367-374.

Bowlby, J. (1969). *Attachment and loss*, Vol. 1. *Attachment*. London: Hogarth Press. (ボウルビィ, J. (著) 黒田 実郎・大羽 蓁・岡田 洋子 (訳) (1976). 母子関係の理論 I　愛着行動　岩崎学術出版社)

Carney, D. R., Colvin, C. R., & Hall, J. A. (2007). A thin slice perspective on the accuracy of first impressions. *Journal of Research in Personality, 41*, 1054-1072.

Cattell, R. B. (1957). *Personality and motivation: Structure and measurement*. New York: World Book.

Cattell, R. B. (1965). *The scientific analysis of personality*. London: Penguin. (キャテル, R. B. (著)　斎藤 耕二・安塚 俊行・米田 弘枝 (訳) (1975). パーソナリティの心理学　金子書房)

Cloninger, C. R., Svrakic, D. M., & Przybeck, T. R. (1993). A psychobiological model of temperament and character. *Archives of General Psychiatry, 50*, 975-990.

Costa, Jr., P. T., & McCrae, R. R. (1992). *NEO-PI-R Professional manual: Revised NEO Personality Inventory (NEO-PI-R) and NEO Five-Factor Inventory (NEO-FFI).* Odessa, FL: Psychological Assessment Resources.

Dion, K. K., Berscheid, E., & Walster, E. (1972). What is beautiful is good. *Journal of Personality and Social Psychology, 24*, 285-290.

Endler, N. S., & Magnusson, D. (1976). Towards an interactional psychology of personality. *Psychological Bulletin, 83*, 956-974.

Erikson, E. H. (1959). *Identity and the life cycle*. New York: International Universities Press. (エリクソン, E. H. (著) 小此木啓吾（訳編）(1973). 自我同一性：アイデンティティとライフ・サイクル　誠信書房)

Eysenck, H. J. (1959). *Manual of the Maudsley Personality Inventory*. London: University of London Press.

Eysenck, H. J. (1967). *The biological basis of personality*. Springfield, IL: Charles C. Thomas. (アイゼンク, H. J. (著)　梅津 耕作・祐宗 省三・山内 光哉・井上 厚・羽生 義正・中森 正純・篁 一誠・伊藤春生・平出彦仁（訳）(1973). 人格の構造　岩崎学術出版社)

Eysenck, H. J., & Rachman, S. (1965). *The causes and cures of neurosis: An introduction to modern behavior therapy based on learning theory and the principles of conditioning.* London: Routledge & Kegan Paul. (アイゼンク, H. J. & ラックマン, S. (著)　黒田 実郎（訳編）　岩脇 三郎・菊池 道子・黒田 実郎・西沢 悟（訳）(1967). 神経症――その原因と治療――　岩崎学術出版社)

Field, D., & Millsap, R. E. (1991). Personality in advanced old age: Continuity or change? *Journal of Gerontology, 46*, 299-308.

Friedman, M., & Rosenman, R. H. (1959). Association of specific overt behavior pattern with blood and cardiovascular findings: Blood cholesterol level, blood clotting time, incidence of arcus senilis, and clinical coronary artery disease. *Journal of American Medical Association, 169*, 1286-1296.

Gilbert, D. T., & Malone, P. S. (1995). The correspondence bias. *Psychological Bulletin, 117*, 21-38.

Gilbert, D. T., Pelham, B. W., & Krull, D. S. (1988). On cognitive busyness: When person perceives meet person perceived. *Journal of Personality and Social Psychology, 54*, 733-740.

Gosling, S. D., Sandy, C. J., & Potter, J. (2010). Personalities of self-identified "dog people" and "cat people". *Anthrozoös, 23*, 213-222.

Greenwald, A. G., McGhee D. E., & Schwartz, J. L. K. (1998). Measuring individual differences in implicit cognition: The Implicit Association Test. *Journal of Personality and Social Psychology, 74*, 1464-1480.

Hall, G. S. (1904). *Adolescence: Its psychology, and its relations to physiology, anthropology, sociology, sex, crime, religion and education*: Vols. I and II. New York: Appleton.

Hamilton, D. L., & Zanna, L. J. (1972). Differential weighting of favorable and unfavorable attributes in impressions of personality. *Journal of Experimental Research in Personality, 6*, 204-212.

原 仁・望月 由美子・山下 規容子 (1986). 乳幼児の気質 小児内科, *18*, 1033-1038.

橋本 宰 (1999). タイプAの性格 詫摩 武俊・鈴木 乙史・清水 弘司・松井 豊 (編) 性格の不適応 (pp. 253-269) ブレーン出版

Hathaway, S. R., & McKinley J. C. (1942). *Manual for the Minnesota Multiphasic Personality Inventory*. Minneapolis, MN: University of Minnesota Press.

Helson, R., & Srivastava, S. (2001). Three paths of adult development: Conservers, seekers, and achievers. *Journal of Personality and Social Psychology, 80*, 995-1010.

Hermans, H. J. M., & Hermans-Jansen, E. (2003). Dialogical process and development of the self. In J. Valiner & K. Connolly (Eds.), *Handbook of developmental psychology* (pp. 534-559). London: Sage.

平井 洋子 (2006). 測定の妥当性からみた尺度構成―得点の解釈を保証できますか― 吉田 寿夫 (編) 心理学の新しいかたち 第3巻 心理学研究法の新しいかたち (pp. 21-49) 誠信書房

堀毛 一也 (2009). パーソナリティの相互作用論 榎本 博明・安藤 寿康・堀毛 一也 (編) パーソナリティ心理学―人間科学, 自然科学, 社会科学のクロスロード― (pp. 157-181) 有斐閣

Jones, E. E., & Harris, V. A. (1967). The attribution of attitudes. *Journal of Experimental Social Psychology, 3*, 1-24.

上瀬 由美子 (2002). ステレオタイプの社会心理学―偏見の解消に向けて― サイエンス社

金政 祐司 (2013). 愛着スタイルの個人差 日本パーソナリティ心理学会 (企画) パーソナリティ心理学ハンドブック (pp. 560-566) 福村出版

河野 直子 (2012). パーソナリティと発達―成人期以降― 鈴木公啓 (編) パーソナリティ心理学概論―性格理解への扉― (pp. 61-72) ナカニシヤ出版

Kelley, H. H. (1967). Attribution theory in social psychology. In D. Levine (Ed.), *Nebraska symposium on motivation*, Vol. 15 (pp. 192-238). Lincoln, NE: University of Nebraska Press.

木島 伸彦 (2000). パーソナリティと神経伝達物質の関係に関する研究―Cloningerの理論における最近の研究動向― 慶応義塾大学日吉紀要 自然科学, *28*, 1-11.

吉川 肇子 (1989). 悪印象は残りやすいか？ 実験社会心理学研究, *29*, 45-54.

菊池 聡 (2012). なぜ疑似科学を信じるのか―思い込みが生みだすニセの科学― 化学同人

Kretschmer, E. (1921). *Körperbau und Charakter: Untersuchungen zum Konstitutionsproblem und zur Lehre von den Temperamenten*. Berlin: Springer. (クレッチマー, E. (著) 相場 均 (訳) (1960). 体格と性格―体質の問題および気質の学説によせる研究― 文光堂)

Levinson, D. J. (1978). *The seasons of a man's life*. New York: Knopf.（レヴィンソン，D. J.（著）南 博（訳）(1992). ライフ・サイクルの心理学（上・下） 講談社）

Lilienfeld, S. O., Lynn, S. J., & Lohr, J. M. (Eds.) (2003). *Science and pseudoscience in clinical psychology*. New York: Guilford Press.（リリエンフェルド, S. O., リン, S. J., & ロー, J. M.（編） 厳島 行雄・横田 正夫・齋藤 雅英（監訳）(2007). 臨床心理学における科学と疑似科学 北大路書房）

Marcia, J. E. (1966). Development and validation of ego-identity status. *Journal of Personality and Social Psychology, 3*, 551-558.

増田 隆一 (1999). 野生動物の保全と管理 岡田 光正・大沢 雅彦・鈴木 基之（編） 環境保全・創出のための生態工学 (pp. 63-72) 丸善

McAdams, D. P. (2015). *The art and science of personality development*. New York: Guilford Publications.

Mischel, W., & Shoda, Y. (1995). A cognitive-affective system theory of personality: Reconceptualizing situations, dispositions, dynamics, and invariance in personality structure. *Psychological Review, 102*, 246-268.

Nakamura, T., Muramatsu, T., Ono, Y., Matsushita, S., Higuchi, S., Mizushima, H., ... Asai, M. (1997). Serotonin transporter gene regulatory region polymorphism and anxiety- related traits in the Japanese. *American Journal of Medical Genetics, Part B: Neuropsychiatric Genetics, 74*, 544-545.

並川 努・谷 伊織・脇田 貴文・熊谷 龍一・中根 愛・野口 裕之 (2012). Big Five 尺度短縮版の開発と信頼性と妥当性の検討 心理学研究, *83*, 91-99.

縄田 健悟 (2014). 血液型と性格の無関連性—日本と米国の大規模社会調査を用いた実証的論拠— 心理学研究, *85*, 148-156.

岡野 憲一郎 (2010). わかりやすい「解離性障害」入門 星和書店

小塩 真司・阿部 晋吾・カトローニ ピノ (2012). 日本語版 Ten Item Personality Inventory (TIPI-J) 作成の試み パーソナリティ研究, *21*, 40-52.

Roberts, B. W., Walton, K. E., & Viechtbauer, W. (2006). Patterns of mean-level change in personality traits across the life course: A meta-analysis of longitudinal studies. *Psychological Bulletin, 132*, 1-25.

Roisman, G. I., Padro'n, E., Sroufe, L. A., & Egeland, B. (2002). Earned-secure attachment status in retrospect and prospect. *Child Development, 73*, 1204-1219.

Rojas Q. M, Masip D, Todorov A, Vitria J (2011) Automatic Prediction of Facial Trait Judgments: App. arance vs. Structural Models. *PLOS ONE, 6* (8): e23323.

蔡 羽淳 (2017). 百寿者の主観的幸福感：100 歳以上の高齢者はなぜ幸せか 生老病死の行動科学, *21*, 45-52.

作者不詳 (1969). 副島民雄・福島保夫（訳） 観相学 岩波書店

Schaie, K. W., & Parham, I. A. (1976). Stability of adult personality traits: Fact or fable? *Journal of Personality and Social Psychology, 34*, 146-158.

Schneider, D. J., Hastorf, A. H., & Ellsworth, P. C. (1979). *Person perception*. Reading, MA: Addison-Wesley.

Shaver, P. R., & Hazan, C. (1988). A biased overview of the study of love. *Journal of Social and Personal Relationships, 5,* 473-501.

Shikishima, C., Ando, J., Ono, Y., Toda, Y., & Yoshimura, K. (2006). Registry of adolescent and young adult twins in the Tokyo area. *Twin Research and Human Genetics, 9,* 811-816.

下仲 順子 (2012). 高齢者心理学研究の歴史 下仲順子（編） 老年心理学［改訂版］（pp. 1-12） 培風館

下仲 順子・中里 克治 (1999). 老年期における人格の縦断研究—人格の安定性と変化及び生存との関係について— 教育心理学研究, 47, 293-304.

Snowden, R., Thompson, P., & Troscianko, T. (2012). *Basic vision.* Oxford, UK: Oxford University Press.

Sutin, A. R., Ferrucci, L., Zonderman, A. B., & Terracciano, A. (2011). Personality and obesity across the adult life span. *Journal of Personality and Social Psychology, 101,* 579-592.

鈴木 公啓 (2012). パーソナリティの諸理論 鈴木 公啓（編） パーソナリティ心理学概論—性格理解への扉—（pp. 15-25） ナカニシヤ出版

太幡 直也 (2015).「頭のよさ」とは—知能— 二宮 克美・山本 ちか・太幡 直也・菅 さやか・松岡 弥玲 エッセンシャルズ心理学—心理学的素養の学び—（pp. 78-83） 福村出版

Tajfel, H., Billig, M. G., Bundy, R. P., & Flament, C. (1971). Social categorization and intergroup behavior. *European Journal of Social Psychology, 1,* 149-178.

瀧本孝雄 (2013). 中年期のパーソナリティの諸問題 日本パーソナリティ心理学会（企画） パーソナリティ心理学ハンドブック（pp. 301-306） 福村出版

田名場美雪 (2013). 保健管理センターにおける相談活動の動向—1998年度から2012年度の活動報告をもとに— 弘前大学保健管理概要, 34, 5-10.

Thomas, A., & Chess, S. (1977). *Temperament and development.* New York: Brunner/Mazel.

Thomas, A., & Chess, S. (1980). *The dynamics of psychological development.* New York: Brunner/Mazel.（トーマス, A., & チェス, S.（著） 林 雅次（監訳）(1981). 子供の気質と心理学的発達 星和書店）

Thomas, A., Chess, S., Birth, H. G., Hertzig, M. E., & Korn, S. J. (1963). *Behavioral individuality in early childhood.* New York: New York University Press.

友野隆成 (2012). パーソナリティと測定—質問紙法と投影法— 鈴木公啓（編） パーソナリティ心理学概論—性格理解への扉—（pp. 179-189） ナカニシヤ出版

Tornstam, L. (1989). Gero-transcendence: A meta-theoretical reformulation of the disengagement theory. *Aging: Clinical and Experimental Research, 1,* 55-63.

Tornstam, L. (2005). *Gerotranscendence: A developmental theory of positive Aging.* New York: Springer.

Turkheimer, E. (2000). Three laws of behavior genetics and what they mean. *Current Direction in Psychological Science, 9,* 160-164.

渡邊 芳之 (1995). 心理学における構成概念と説明　北海道医療大学看護福祉学部紀要, 2, 1-7.

渡邊 芳之・佐藤 達哉 (1991). パーソナリティ概念を用いた行動説明にみられる方法論的問題点　信州大学人文学部人文科学論集〈人間情報学科編〉, 25, 19-31.

Wood, J. M., Nezworski, M. T., Lilienfeld, S. O., & Garb, H. N. (2003). *What's wrong with the Rorschach? Science confronts the controversial inkblot test.* New York: Jossey-Bass. (ウッド, J. M., ネゾースキ, M. T, リリエンフェルド, S. O., & ガーブ, H. N. (著) 宮崎謙一 (訳) (2006). ロールシャッハテストはまちがっている―科学からの異議―　北大路書房)

Wundt, W. (1897). *Outlines of psychology.* C. H. Judd (Trans.). Leipzig: Wilhelm Englemann. (Original work published 1896)

山本 眞理子・原 奈津子 (2006). 他者を知る―対人認知の心理学―　サイエンス社

矢田部 達郎・園原 太郎・辻岡 美延 (1965). YG性格検査 (矢田部ギルフォード性格検査) 一般用　日本心理テスト研究所

あとがき

　この本は、「4人の登場人物の会話によるストーリー」と、その会話のなかで出てきた用語の説明の「トピック」で構成されている、ちょっと珍しい形式の本です。普段の生活で感じたことや疑問などと結びつけてパーソナリティ心理学についての知識や考え方を身につけられることを目指して作成しました。

　4人の登場人物のもつ属性は、もしかしたらそれぞれマイノリティ（少数派）とラベル付けされるものかもしれません。しかし、この本に彼らを登場させたのは、「こういうラベルの人はこういうパーソナリティ」という類型（タイプ）を示すためではなく、一見多様な人に共通に存在するメカニズムに目を向けてもらうためです。そのため、マイノリティの人の固有の体験ではなく、自分はマイノリティではないと思っている人と共通する部分にフォーカスを当てました。

　特に、この本で修得を目指した能力は以下の3つです。それは、1）他者を理解する力、2）自己を理解する力、3）（自己の体験ではなく）根拠に基づいて考える力、の3つです。この本を読んで勉強される方や、この本をもとに講義をされる教員の方は、これらのことを意識していただけると幸いです。

　導入の「学生の皆さんへ」と「4人の登場人物の会話によるストーリー」は、著者の1人である荒川が、イラストを担当した吉田優香さんの協力を得て書いています。そして、「トピック」は、荒川を含む4人が分担して書いています。しかし、執筆者の4人全員が、全部の原稿をお互いに読んでコメントし、そして修正を加え、ということを何度も繰り返して作成しています。全員が全員分の原稿の完成に関わっていますが、実はこれは珍しいことだったりします。これもすべて、良い本を作成することによって、読者の方々に、パーソナリティ心理学の大切なところを十分に理解してほしい、そして、それをぜひ活用してほしいと思ったからです。この本はきっと、読者の皆さんの学びに役立つと思います。

あとがき

　この本を作成するにあたり，ナカニシヤ出版の山本あかね様には，企画の段階からお世話になりました。執筆者の度重なる要求に対して，辛抱強く丁寧にご対応いただきました。心から感謝申し上げます。また，心理尺度については，それぞれの尺度の作成者に執筆いただきました。ありがとうございました。

　さて，それでは最後に，4 人の登場人物の後日談で，この本を締めくくりたいと思います。彼らはどのようなことを話しているのでしょうか……。

「どうしたの。ヒューマノイド A，嬉しそうだね。」

「僕ね。今まで「普通の人間」になろうとして，普通っぽく振る舞おうとして，でもそれがわからなくて悩んでいたんだ。でもね。みんなと一緒にいたり，話したりしているうちに，なんだか，「普通の人間」っていないんだぁと思って，無理にそうしなくていいんだってわかったの。」

「そうなのね。私もヒューマノイドの目的は平均的な人間らしく振る舞うことだと思っていたけど，間違えていたかもね。でも，あなたはとっても人間らしいわ。」

「すばらしい！　ヒューマノイド A がそう思うようになったということは，われわれの人工知能の研究もさらに一歩前進したということだな。」

事項索引

あ
愛着　78
アイデンティティ　81, 85
　——・ステイタス　81
α係数　99
安定性　99
一卵性双生児　58
一貫性　25, 30
遺伝　50, 55
　——子　50
　——的多様性　54
if…then…行動パターン　68
因果関係　102, 105
因子分析　41, 108

か
絵画統覚検査（TAT）　106
外向性　97
学習　67
確証バイアス　21
カテゴリー化　8
観察法　101
　参加——　101
　非——　101
　自然——　101
　実験的——　101
気質　76
　——と性格の7次元モデル　55
基準関連妥当性　97
帰属　26
基本的帰属のエラー　26
共通特性　40, 46
共有環境　60
　非——　60
クロニンジャーの理論　40, 55
血液型ステレオタイプ　21
研究倫理　111
後期高齢期　86
構成概念　3
　——妥当性　97
構造化面接　103
　半——　103
　非——　103
行動遺伝学　58
個別特性　40, 46
コンストラクト　28

さ
再検査法　99
実験法　101, 102, 104
質問紙　104
　——法　101-104, 107
自動過程　4
社会的アイデンティティ理論　6
従属変数　102
集団　6
首尾一貫性　29
情報処理　4
進化　54
神経症傾向　102
信頼性　99
ステレオタイプ　5
ストレンジ・シチュエーション法　78
成人期　81, 85
成人前期　85
青年期　81
折半法　99
前期高齢期　86
双生児研究　58

た
対応バイアス　26
対人認知　4
妥当性　97
単変量遺伝分析　61
知能　92
　——検査　92
中年期　85
超高齢期　86
DSM-5　115
投影法　106
等価性　99
統制過程　4
特性　39
　——論　39-41
独立変数　102

な
内集団ひいき（内集団バイアス）　6
内的作業モデル　78
内的整合性　99
内容的妥当性　97
乳幼児期　76, 85
ニューヨーク縦断研究

76
二卵性双生児　58
認知・感情パーソナリティ・システム　29

は
パーソナリティ障害　115
発達課題　81
ハロー効果　20
PF スタディ　106
ビッグファイブ　85, 86
　──理論　40

人見知り　78
文章完成法（SCT）　86, 106
平行検査法　99
並存的妥当性　98
偏見　5
ポリジーンモデル　52

ま
ミッドライフクライシス　85
面接法　76, 103
　調査──　103

臨床──　103
モラトリアム　81

や
予測的妥当性　98

ら
類型論　37
老年期　86
　──超越　86
ロールシャッハテスト　106

人名索引

A
相場　均　19
Ainsworth, M. D. S.　78, 79
Allport, G. W.　41, 46
安藤寿康　52, 59, 60, 62
アリストテレス　18
Asch, S. E.　4

B
Bartholomew, K.　80
Beach, L.　4
ベッセル（Bessel, F. W.）　89
ビネー（Binet, A.）　92
Bowlby, J.　78

C
Carney, D. R.　18
Cattell, R. B.　40, 41, 44,
　46, 65, 105, 108
Chess, S.　77
Cloninger, C. R.　40, 55
Costa, Jr., P. T.　45, 105
クロンバック（Cronbach, L. J.）　99

D
Dion, K. K.　20

E
アインシュタイン　92
Endler, N. S.　65, 66
Erikson, E. H.　81
Eysenck, H. J.　38, 40, 42-44, 105

F
Field, D.　86

フロイト（Freud, S.）　72, 73, 91
Friedman, M.　103
福島保夫　18

G
Gilbert, D. T.　26, 27
ゴールドバーグ（Goldberg, L. R.）　44
Gosling, S. D.　13
後藤康志　119
Gray, J. A.　131
Greenwald, A. G.　105
ギルフォード（Guilford, J. P.）　105

H
Hall, G. S.　81
Hamilton, D. L.　4

原　仁　　77
原　奈津子　　20
Harris, V. A.　　26
橋本　宰　　103
Hathaway, S. R.　　105
林　雅次　　77
Hazan, C.　　78
Helson, R.　　37
Hermans, H. J. M.　　73
Hermans-Jansen, E.　　73
平井洋子　　98
堀毛一也　　65, 66
Horowitz, L. M.　　80

I
厳島行雄　　107

J
Jones, E. E.　　26
ユング（Jung, C. G.）
　　38, 72

K
上瀬由美子　　5
金政祐司　　80
河野直子　　85
Kelley, H. H.　　26, 28
木島伸彦　　55
吉川肇子　　4
菊池　聡　　21
Kretschmer, E.　　19
黒田実郎　　43, 78

L
Levinson, D. J.　　85
レヴィン（Lewin, K.）　　65
Lilienfeld, S. O.　　107

M
Magnusson, D.　　65, 66
Malone, P. S.　　26

Marcia, J. E.　　81
増田隆一　　54
McAdams, D. P.　　83
McCrae, R. R.　　45, 105
McKinley, J. C.　　105
Millsap, R. E.　　86
南　博　　85
箕浦有希久　　126
Mischel, W.　　68, 69
宮崎謙一　　107

N
Nakamura, T.　　49
中里克治　　86
並川　努　　45, 118, 119
成田健一　　126
ナルキッソス　　136
縄田健悟　　21

O
Odbart, H. S.　　46
小此木啓吾　　81
大野　裕　　115
小塩真司　　45

P
Parham, I. A.　　86

R
Rachman, S.　　43
Roberts, B. W.　　85, 86
Roisman, G. I.　　78
Rojas, Q. M.　　18
Rosenman, R. H.　　103

S
葵　羽淳　　86
斎藤耕二　　41
佐藤達哉　　3
Schaie, K. W.　　86
Schneider, D. J.　　4

Shaver, P. R.　　78
Shikishima, C.　　58, 62
Shoda, Y.　　68, 69
下仲順子　　86
Snowden, R.　　89
副島民雄　　18
Srivastava, S.　　37
Sutin, A. R.　　19
鈴木公啓　　44

T
太幡直也　　92, 94
Tajfel, H.　　6
高橋三郎　　115
高橋雄介　　132
瀧本孝雄　　85
詫摩武俊　　46
田名場美雪　　114
Thomas, A.　　76, 77
友野隆成　　106
Tornstam, L.　　86
Turkheimer, E.　　62

U
梅津耕作　　43

W
和田さゆり　　118
渡邉芳之　　3
ウェクスラー（Wechsler, D.）　　93
Wertheimer, M.　　4
Wood, J. M.　　107
Wundt, W.　　72, 90, 91

Y
山本眞理子　　20
矢田部達郎　　105

Z
Zanna, L. J.　　4

149

【著者紹介】

鈴木公啓（すずき　ともひろ）
東京未来大学こども心理学部　准教授
東洋大学大学院社会学研究科博士後期課程修了　博士（社会学）
「初学者に必要な内容をわかりやすく伝えることができる本を目指しました。パーソナリティ心理学は他の多くの心理学領域と密接に関わっています。この本が心理学の学びに役立てば幸いです。それでは，またご縁がありましたら……。」

荒川　歩（あらかわ　あゆむ）
武蔵野美術大学造形構想学部　教授
同志社大学大学院文学研究科博士後期課程修了　博士（心理学）
「個人差というと平均的な人がいてその人を中心にばらつくと思いがちですが，個々の環境のなかで個々が独自に育ち，平均も多様性も結果にすぎないのです。本書のパーソナリティ心理学を通して一般的な心理学の理解が進めば幸いです。」

太幡直也（たばた　なおや）
愛知学院大学総合政策学部　准教授
筑波大学大学院人間総合科学研究科一貫制博士課程修了　博士（心理学）
「読者の皆さんにパーソナリティ心理学の面白さを感じていただけるよう，著者一同，こだわり抜いてこの本を書きました。この本を通して，１人でも多くの方に，パーソナリティ心理学に興味をもっていただけることを願っています。」

友野隆成（ともの　たかなり）
宮城学院女子大学学芸学部　教授
同志社大学大学院文学研究科博士後期課程修了　博士（心理学）
「パーソナリティ心理学は，身近な話題を扱いますがとても奥の深い学問です。皆さんにもこの本を通じてパーソナリティ心理学の奥深さに触れていただき，実生活に役立てていただけることを願ってやみません。」

パーソナリティ心理学入門
ストーリーとトピックで学ぶ心の個性

2018年11月1日　初版第1刷発行
2023年4月20日　初版第2刷発行

（定価はカヴァーに表示してあります）

著　者　鈴木公啓
　　　　荒川　歩
　　　　太幡直也
　　　　友野隆成

発行者　中西　良
発行所　株式会社ナカニシヤ出版
〒606-8161　京都市左京区一乗寺木ノ本町15番地
　　　　　　Telephone　075-723-0111
　　　　　　Facsimile　075-723-0095
Website　http://www.nakanishiya.co.jp/
E-mail　iihon-ippai@nakanishiya.co.jp
　　　　　　郵便振替　01030-0-13128

装幀＝白沢　正／イラスト＝吉田優香／印刷・製本＝ファインワークス
Copyright © 2018 by T. Suzuki, A. Arakawa, N. Tabata, & T. Tomono
Printed in Japan.
ISBN978-4-7795-1328-2

◎本書のコピー，スキャン，デジタル化等の無断複製は著作権法上での例外を除き禁じられています。本書を代行業者等の第三者に依頼してスキャンやデジタル化することはたとえ個人や家庭内の利用であっても著作権法上認められておりません。